U0541208

教育部人文社会科学研究一般项目（18YJA790023）、吉林省社会科学基金重点项目（2019A3）、吉林省教育厅"十三五"社会科学项目（JJKH201804780SK）、吉林财经大学重点项目（2017Z11）、吉林省科技厅软科学研究项目（20180418049FG）、吉林财经大学校长基金项目（XZ2018032）和吉林省金融学会重点项目（2019JJX021）资助

中国村镇银行风险防范与可持续发展研究

高晓光 著

ZHONGGUO CUNZHEN YINHANG FENGXIAN FANGFAN YU
KECHIXU FAZHAN YANJIU

中国社会科学出版社

图书在版编目（CIP）数据

中国村镇银行风险防范与可持续发展研究/高晓光著.—北京：中国社会科学出版社，2019.5
ISBN 978-7-5203-2703-9

Ⅰ.①中… Ⅱ.①高… Ⅲ.①农村金融—商业银行—风险管理—研究—中国 Ⅳ.①F832.35

中国版本图书馆 CIP 数据核字（2018）第 132151 号

出 版 人	赵剑英	
责任编辑	卢小生	
责任校对	周晓东	
责任印制	王　超	
出　　版	中国社会科学出版社	
社　　址	北京鼓楼西大街甲 158 号	
邮　　编	100720	
网　　址	http://www.csspw.cn	
发 行 部	010-84083685	
门 市 部	010-84029450	
经　　销	新华书店及其他书店	
印　　刷	北京明恒达印务有限公司	
装　　订	廊坊市广阳区广增装订厂	
版　　次	2019 年 5 月第 1 版	
印　　次	2019 年 5 月第 1 次印刷	
开　　本	710×1000　1/16	
印　　张	12.75	
插　　页	2	
字　　数	178 千字	
定　　价	68.00 元	

凡购买中国社会科学出版社图书，如有质量问题请与本社营销中心联系调换
电话：010-84083683
版权所有　侵权必究

前　言

　　"三农"问题是中国的根本性问题之一，也是特大难题之一。农村金融的改革与发展既是"三农"难题的一个组成部分，又是化解"三农"难题的一把"金钥匙"。而且现代农村经济发展的一个重要特征，就是经济与金融的关系日益密切。为完善农村金融服务体系，促进农村金融竞争，满足农村金融需求，增加农村金融供给，2006年12月20日，银监会发布了《关于调整放宽农村地区银行业金融机构准入政策，更好支持社会主义新农村建设的若干意见》，提出要放宽农村地区的银行业金融机构准入政策，在增量改革方面，成立包括村镇银行、贷款公司、农村资金互助社等新型农村金融机构，加上之前人民银行主导成立的小额贷款公司，新型农村金融机构达到了四类。2007年全国金融工作会议将加快农村金融改革，完善农村金融体系，解决好农业、农村和农民问题，作为金融工作的重点，作为党和国家全部工作的重点。从中可以看出农村金融改革在建设社会主义新农村中的作用。全国金融工作会议对农村金融改革总的要求是：加快建立健全适应"三农"特点的多层次、广覆盖、可持续的农村金融组织体系，包括构建分工合理、投资多元、功能完善、服务高效的农村金融产品体系，显著增强为"三农"服务的功能。中央政府希望这一创新能够有效地增加农村金融供给，提高农村金融服务覆盖面，促进农村金融市场竞争，改善农村金融服务质量。

　　将近十年过去了，作为新型农村金融机构的主力军——村镇银行发展得怎么样？有没有实现预期的目标？主要的问题是什么？最重要的是，村镇银行能否规避风险，实现可持续发展？这些都是业界关心的问题。本书结合近几年的"中央一号文件"和党的十八届三中全会的要求，对村镇银行的发展历程与现状、发展的可持续性、遇到的风险、存在的问题进行了研究梳理，提出了防范风险、促进村镇银行可持续发展的对策。

本书第一章介绍研究背景和意义、国内外研究现状以及本书的研究框架和方法。第二章介绍了本书研究的主要理论基础，并对一些相关概念进行了界定。第三章梳理了村镇银行的创新理论与制度构建及政策配套。第四章讲述了村镇银行发展历程及状况。第五章对村镇银行的风险类型及成因进行分析，主要对村镇银行的风险进行了研究，并对风险产生的原因进行了剖析。第六章分析了村镇银行的风险管理目标、方针、制度。第七章剖析了制约村镇银行可持续发展的因素，本章主要对村镇银行的发展前景、存在的主要问题、可持续发展的优劣势进行分析。第八章分析了国外农村金融组织风险管理的经验借鉴，本章分别对发达国家、发展中国家农村金融机构的风险管理进行了介绍，并总结了可借鉴的经验。第九章主要选取了吉林省的典型案例，从微观的角度分析了村镇银行发展形势。第十章首先分析了村镇银行所面临的金融生态环境，其次提出了村镇银行防范风险实现可持续发展的措施。

本书是在作者主持的以下课题项目基础上完成的：教育部人文社会科学研究一般项目"乡村振兴背景下的农村金融机构的风险生成机理与控制路径研究——以吉林省为例"（18YJA790023）、吉林省科技厅软科学研究项目"吉林省村镇银行的风险生成机理与防控措施研究"（20180418049FG）、吉林省社会科学基金重点项目"乡村振兴战略下吉林省农村金融机构的风险管理问题研究"（2019A3）、吉林省教育厅"十三五"社会科学项目"吉林省新型农村金融机构风险管理问题研究"（JJKH201804780SK）、吉林财经大学重点项目"新型农村金融机构的风险生成机理与控制路径选择"（2017Z11）、吉林财经大学校长基金项目"乡村振兴战略下的农村金融生态环境的风险生成机理与控制路径选择"（XZ2018032）和吉林省金融学会重点项目"乡村振兴战略下吉林省普惠金融发展问题研究"（2019JJX021）。本书获得吉林财经大学资助，并向教育部、吉林省科技厅、吉林省哲学社会科学规划办、吉林财经大学科研处、吉林财经大学金融学院表示衷心感谢！

在项目的调研和资料收集过程中，得到了吉林省金融办、吉林省银监局、人民银行长春分行的大力支持和热情帮助，在此一并表示感谢！

吉林外国语大学罗俊成老师撰写了3万字的内容；在本书的完成过程中，我的同事刘吉舫、鞠国华老师提出了许多宝贵的建议，许永健帮助完成了部分图表的制作，参与了文字校对。对他们的辛勤工作表示感谢！

由于理论水平、资料来源和时间紧迫等因素，本书还有许多问题需要进一步研究探讨，近期中央政府对民间资本开放的政策力度不断加强，农村金融环境进一步改善，农村金融机构竞争加剧，这对村镇银行的影响还有待于进一步研究。在本书撰写的过程中，作者及其团队对吉林省、黑龙江等省份的一些村镇银行进行了调研，但从全国的角度看有一定的局限性，对问题的研究深度产生不利影响。对于不足之处，作者将在以后的研究中改进完善，恳请各位同人给予指导，并提出宝贵意见。

高晓光

2019年4月15日于吉林财经大学

目 录

第一章 绪论 … 1

  第一节 研究背景和意义 … 1

    一 研究背景 … 1

    二 研究意义 … 3

  第二节 国内外研究现状 … 5

    一 国外研究现状 … 5

    二 国内研究现状 … 7

  第三节 研究框架和方法 … 9

    一 研究框架 … 9

    二 研究方法 … 10

第二章 农村金融的相关理论和概念 … 12

  第一节 农村金融相关理论 … 12

    一 农业信贷补贴论 … 12

    二 农村金融市场论 … 13

    三 不完全竞争市场理论 … 13

    四 金融包容理论 … 14

  第二节 金融风险理论 … 17

    一 风险的概念 … 17

    二 金融风险的概念 … 18

    三 农村金融风险的概念 … 19

    四 风险管理的概念 … 19

五　村镇银行金融组织风险的特征 …………………………… 19
　　六　村镇银行金融组织风险管理的一般策略 ………………… 21
　　七　村镇银行金融组织风险管理方法 ………………………… 23
　　八　村镇银行金融组织风险预警理论 ………………………… 26
第三节　概念界定 ……………………………………………………… 28
　　一　村镇银行概述 ……………………………………………… 28
　　二　村镇银行的性质 …………………………………………… 29
　　三　村镇银行的设立 …………………………………………… 30
　　四　村镇银行的业务范围 ……………………………………… 32
　　五　可持续发展的含义 ………………………………………… 33
　　六　金融可持续发展 …………………………………………… 35
　　七　村镇银行可持续发展的内涵与要素 ……………………… 36

第三章　村镇银行的顶层制度设计与配套政策 ……………………… 43
　第一节　村镇银行制度与政策创新 …………………………………… 43
　　一　夯实基础，稳定农村经济发展的基础 …………………… 43
　　二　农民增收，农村发展，农业转型，金融先行 …………… 44
　第二节　银监会对村镇银行培育发展的政策创新 …………………… 55
　　一　中国农村金融破题之年：新一轮农村金融
　　　　改革启动 ……………………………………………………… 55
　　二　我国村镇银行政策创新的关键年 ………………………… 57
　　三　村镇银行培育进入计划有序发展阶段 …………………… 59
　　四　村镇银行培育政策力度加强 ……………………………… 59
　　五　支持村镇银行培育发展的财政政策 ……………………… 61
　　六　我国村镇银行制度与政策创新之特点 …………………… 61
　　七　村镇银行制度与政策创新缺失 …………………………… 63
　　八　农村金融制度变迁的原因分析 …………………………… 66

第四章　村镇银行发展历程及现状 …………………………………… 68
　第一节　村镇银行的产生与发展 ……………………………………… 68

　　　　　一　农村金融网点覆盖率低 …………………………… 69
　　　　　二　农村金融供给不足 ……………………………… 69
　　　　　三　农村金融竞争不充分 …………………………… 70
　　第二节　村镇银行的发展历程 …………………………… 71
　　　　　一　逐步推进 ……………………………………… 71
　　　　　二　实施《三年规划》 …………………………… 72
　　第三节　村镇银行发展的态势 …………………………… 77
　　　　　一　村镇银行设立数量稳步增加 ………………… 77
　　　　　二　村镇银行区域分布逐渐合理 ………………… 77
　　　　　三　村镇银行发起机构多样化 …………………… 78
　　　　　四　村镇银行经营成效明显改观 ………………… 78

第五章　村镇银行的风险及成因分析 ………………………… 80
　　第一节　村镇银行风险的类型 …………………………… 80
　　　　　一　信用风险 ……………………………………… 81
　　　　　二　操作风险 ……………………………………… 81
　　　　　三　流动性风险 …………………………………… 82
　　　　　四　市场风险 ……………………………………… 82
　　　　　五　政策风险 ……………………………………… 83
　　　　　六　内部控制风险 ………………………………… 83
　　第二节　村镇银行风险的成因分析 ……………………… 84
　　　　　一　外因：村镇银行经营外部环境欠佳 ………… 84
　　　　　二　内因：村镇银行内部经营管理不善 ………… 88

第六章　村镇银行风险管理目标、方针和制度 ……………… 90
　　第一节　村镇银行风险管理目标 ………………………… 90
　　　　　一　保障自身安全 ………………………………… 90
　　　　　二　保护存款者利益 ……………………………… 92
　　　　　三　保障支付体系正常运行 ……………………… 92
　　第二节　村镇银行风险管理方针 ………………………… 93

一　以 RAROC 为核心管理整个银行 …………………………… 95
　　二　将风险管理建立在经济资本分配体系之上 ………………… 95
　　三　对所有类型的风险进行组合管理 …………………………… 96
　　四　进行积极的信用组合风险管理 ……………………………… 97
　　五　从测量市场风险转向积极的市场组合管理 ………………… 98
　　六　努力量化和管理操作风险 …………………………………… 99
　　七　普遍应用 VaR 技术 ………………………………………… 99
　　八　在所有组织层级和交易层级实行风险管理 ……………… 100
　　九　建立风险管理文化 ………………………………………… 101
　第三节　村镇银行风险管理制度 …………………………………… 102
　　一　银行组织制度 ……………………………………………… 102
　　二　村镇银行风险内部控制制度 ……………………………… 103
　　三　村镇银行风险补偿制度 …………………………………… 107
　　四　村镇银行资产负债比例管理制度 ………………………… 108
　　五　村镇银行信贷风险管理制度 ……………………………… 116
　　六　村镇银行表外业务风险管理制度 ………………………… 122

第七章　制约村镇银行可持续发展的因素分析 ……………………… 126
　第一节　定位存在偏差 ……………………………………………… 127
　　一　设立区域存在偏差 ………………………………………… 127
　　二　目标客户定位存在偏差 …………………………………… 127
　　三　市场经营策略存在偏差 …………………………………… 128
　第二节　融资渠道有限 ……………………………………………… 128
　　一　社会认可度不高 …………………………………………… 128
　　二　辐射能力不强 ……………………………………………… 129
　第三节　服务水平有待提升 ………………………………………… 130
　　一　产品单一 …………………………………………………… 130
　　二　人才缺乏 …………………………………………………… 131
　第四节　风险管理水平低 …………………………………………… 131

一　信用风险管理 …………………………………… 131
　　二　流动性风险管理 ………………………………… 131
　　三　操作风险管理 …………………………………… 132
第五节　监管机制不健全 ………………………………… 132
　　一　监管力量严重不足 ……………………………… 132
　　二　缺少专门的监管办法 …………………………… 133
　　三　监管链条过长 …………………………………… 133
第六节　政府的扶持政策不到位 ………………………… 133

第八章　国外农村金融组织风险管理经验及借鉴 ………… 135
第一节　发达国家农村金融组织风险管理 ……………… 135
　　一　德国农村金融组织风险管理 …………………… 135
　　二　日本农村金融组织风险管理 …………………… 136
　　三　法国农村金融组织风险管理 …………………… 138
　　四　美国农村金融组织风险管理 …………………… 140
第二节　发展中国家农村金融组织风险管理 …………… 142
　　一　印度农村金融组织风险管理 …………………… 142
　　二　孟加拉国乡村银行风险管理 …………………… 144
　　三　国外农村金融组织风险管理的经验借鉴 ……… 146

第九章　村镇银行发展案例分析 …………………………… 151
第一节　我国村镇银行发展概况 ………………………… 151
　　一　村镇银行发展规模 ……………………………… 151
　　二　村镇银行法人结构 ……………………………… 153
第二节　吉林省村镇银行发展概况 ……………………… 154
　　一　吉林省涉农金融机构发展情况 ………………… 154
　　二　吉林省村镇银行发展现状 ……………………… 156
第三节　基于波特五力模型的吉林省村镇银行分析 …… 158
　　一　波特五力模型 …………………………………… 158
　　二　基于波特五力模型的分析 ……………………… 158

  第四节 案例分析 …………………………………………… 163
    一 基本情况 ………………………………………………… 164
    二 业务发展 ………………………………………………… 169
    三 借鉴经验 ………………………………………………… 169

第十章 村镇银行防范风险和可持续发展的对策建议 ……… 172
  第一节 坚持服务"三农"定位 …………………………… 172
    一 因地制宜，设立村镇银行 ……………………………… 172
    二 准确定位目标客户 ……………………………………… 172
  第二节 拓宽融资渠道 ……………………………………… 173
    一 构建合理的股权结构 …………………………………… 173
    二 加快网点布局 …………………………………………… 173
    三 加大宣传力度 …………………………………………… 174
  第三节 提升金融服务水平 ………………………………… 174
    一 创新产品服务 …………………………………………… 174
    二 加强中间业务运营 ……………………………………… 175
    三 建设高素质人才队伍 …………………………………… 175
  第四节 建立科学的风险管理机制 ………………………… 176
    一 加强信贷流程管理 ……………………………………… 176
    二 建立信用保障机制 ……………………………………… 177
    三 完善内部治理结构 ……………………………………… 177
  第五节 健全监管机制 ……………………………………… 178
    一 细化监管职责 …………………………………………… 178
    二 完善监管机制 …………………………………………… 178
    三 创新监管方式 …………………………………………… 179
  第六节 给予更多优惠政策 ………………………………… 179

参考文献 ……………………………………………………………… 180

第一章 绪论

第一节 研究背景和意义

一 研究背景

如何解决"三农"问题是党和政府面临的最大问题之一，目前制约我国农村地区经济社会发展的根本问题是资金缺乏。农村金融的本质就是充分调动农村金融资源并配置于农村实体经济，结合农村生产要素，大力推动农村经济的发展。根据"十三五"规划，到2020年我国实现第一个百年奋斗目标、全面建成小康社会的五年规划，在创新农村金融服务方面，"十三五"规划纲要明确提出，要发挥各类金融机构的支农作用，积极发展村镇银行等多形式农村金融机构。近些年来，各级政府及金融机构也采取各种方式，大力支持新型农村金融机构发展，但是仍然未能有效地解决农村金融问题。

（一）新时期"三农"问题

"三农"问题一直困扰着我国社会经济和谐发展，我国要顺利实现增加农民收入和促进农业现代化发展的目标，需要金融给予充分的资金支持。多年来，各级政府部门十分重视农村金融的发展，先后出台多项政策扶持农村金融。特别是2015年11月2日，中共中央办公厅、国务院办公厅印发了《深化农村改革综合性实施方案》，明确提出："创新农村金融服务模式，全面提升农村金融服务水平，促进普惠金融发展，加快建立多层次、广覆盖、可持续、竞争适度、风险可控的现代农村金融体系。"2004—2016年，中央连续13年将"中央一号文件"关注点锁定在"三农"问题，可见十分重视农村金融体制改革问题。

现阶段，吉林省农村金融存在许多问题，发展之路并不平坦，比如金融服务品种少、交易成本高、风险控制难等，吉林省农村金融对"三农"问题的解决亟须努力，吉林省农村金融的发展任务仍然繁重。2015年12月2日，国务院决定在吉林省启动农村金融综合改革试点，以推动吉林省农村金融不断深化发展。从当前情况看，农村金融改革，是解决"三农"问题最直接有效的方式之一，能够推动吉林省农村经济健康稳定发展。

（二）农村金融改革不断深化

自2007年以来，我国已经建立了一批村镇银行、农村资金互助社和小额贷款公司，有效地支持了农村的经济发展需要。通过40年的不断改革发展，我国农村金融确实取得了一些成绩，但与城市金融发展水平和发展速度相比，仍然存在很大差距。

吉林省农村金融产品近些年不断创新，取得重大突破。2004年，安华农业保险的设立使吉林省成为全国农业政策性保险试点省份；2007年，全国首家农村资金互助社诞生于吉林省梨树县；2010年，吉林省在全国率先开展了"直补资金担保贷款"；2012年，又创新出"土地收益保证贷款"。2015年12月11日，中国人民银行、国家发改委等六部门联合印发《关于〈吉林省农村金融综合改革试验方案〉的通知》，力争通过五年左右的不断努力，把吉林省农村金融综合试验地区建成一个现代农村金融示范区，使试验地区农村金融走上适度竞争、风险控制在一定比例、可持续发展的道路，丰富农村地区的金融产品和金融服务，完善金融惠农政策体系，农民更方便地获得金融支持，以促使金融服务满意度显著提高，保障吉林省农村经济健康快速向前推进。

（三）农村金融供需失衡

统计数据显示，我国社会主义新农村建设。到 2020 年，新增加的资金需求为 5 万亿元左右，未来 10 年，全国每个农村的平均金融需求为 1700—4900 元，预计在新农村建设中全国 7 亿农民的金融需求缺口为 11900 亿—34300 亿元。

"十三五"规划伊始，吉林省城镇化和农村现代化建设步伐进一步加快，农村金融发展任务仍然繁重，对涉农金融支持提出了更高的要求，因此，需要实事求是地确定农村金融贷款需求规模。吉林省农村金融研究中心 2013 年农户金融调查结果显示，如果不考虑农户之间的借贷资金，仅考虑农户从金融机构获得信贷资金量，这个信贷资金量满足率仅为 25.4%。从总量来看，2013 年，农户金融需求总规模约为 1440 亿元，剔除民间融资，仅考虑金融机构信贷供给，资金缺口高达 1000 亿元左右。因此，单纯从农户融资需求的角度看，吉林省农村金融供需严重失衡。

二　研究意义

村镇银行的可持续发展符合"十三五"规划纲要中对多层次银行机构体系和引进民间资本进入银行的要求，符合"十三五"规划纲要提出的积极发展村镇银行等多形式农村金融机构的要求，同时，中央连续 13 个"中央一号文件"强调加快农村金融体制改革和创新，村镇银行实现可持续发展对我国农村金融服务体系创新的研究具有十分重要的理论价值和现实意义。

（一）理论意义

"三农"问题始终是我国经济发展的关键之一，相应的农村金融服务支持是解决"三农"问题、实现全面建成小康社会目标的基本条件。所以，推进农村金融机构健康可持续发展，特别是新型农村金融机构的可持续发展，对于完善中国特色社会主义市场经济体制中的多层次金融市场体系具有重要的理论意义，有助于完善社会主义市场经济理论。

（二）现实意义

"十三五"规划纲要提出，创新农村金融服务，积极发挥各类金融机构的支农作用。村镇银行设立的初衷就是支持农村经济发展，这样，一些资金来源多样化、设立门槛低、公司治理结构完善和健全的股权层次的村镇银行如雨后春笋般出现，这就为农村金融的持续发展输送了新鲜血液。吉林省作为农业大省，解决"三农"问题是吉林省"三化统筹"（工业化、城镇化和农业现代化）和长吉图开发建设战略要求。因而研究村镇银行可持续发展问题，具有重要的现实意义：

1. 增加了农村金融供给

近年来，我国经济持续快速发展，农民的"钱袋子"越来越鼓，因此，农村消费结构不断迈上新的台阶。同时，农民越来越有市场经济头脑，跨区域贸易不断增多，非现金交易需求逐年递增，农民对农村金融机构所提供的金融服务需求也越来越多元化。吉林省的农村金融机构尚不能完全满足农户多元化的金融需求，当农户有相应需求时，金融机构不能主动提供专业化服务。因此，为了有效地改善这一困局，应着力推进村镇银行可持续发展，增加农村金融供给。同时，村镇银行自身需要精益求精，不断提升自身金融服务水平，提高金融服务运营效率，以充分满足农民的金融需求。

2. 完善农村金融机构布局

近年来，我国金融体制不断改革，许多国有商业银行收缩业务网点分布，县级以下农户很难享受到正规国有商业银行提供的金融服务，同时农村地区面临金融供给不足、金融机构竞争不充分等难题。商业银行追求利润最大化，存款很难转移到经济落后的农村地区，这种现象就是资金的"虹吸现象"，而经济落后的农村地区则出现了金融服务"真空区"。村镇银行设立的初衷就是立足"三农"，服务"三农"，将本地吸储的资金投入到当地的经济发展中，以此来预防"虹吸现象"；村镇银行的资金"取之于农村，用之于农村"，填补了农村金融服务的"真空地带"。

3. 促进农村金融市场竞争

农村地区金融机构竞争不充分,资金利率不高,而且当地的农村信用社经营管理效率低,农户只能转向民间借贷。村镇银行的设立可以打破农村金融竞争不充分的局面,产生"鲇鱼效应"。一方面,能够促使农村信用社提高经营管理水平;另一方面村镇银行可以引入民间资本,使民间借贷资金"阳光化",促进农村金融市场竞争。

第二节 国内外研究现状

一 国外研究现状

农村金融一直是国内外学者关注的重点,农村金融的研究产生了很多理论成果,农村金融一直不同程度地受到现代金融理论发展的影响。

(一)关于农村金融发展的研究成果丰富

约翰·G. 格利(J. G. Gurley)和爱德华·S. 肖(E. S. Show)第一次探讨金融在经济发展中的作用,并试图构建一个涵盖多元化的金融机构和丰富的金融政策的货币金融理论。H. T. 帕特里克(Patrick)1966 年发表了《欠发达国家的金融发展和经济增长》一文,在论文中,他使用"需求追随"和"供给领先"这两种方法,研究了金融和经济之间的关系。所谓"需求追随",就是从金融服务的需求方面出发,"供给领先"就是从金融服务的供给方出发,两者侧重点分别是需求产生金融服务和供给先于金融服务需求。卡普尔(Kapur,1976)、加尔比斯(Galbis,1977)、马西森(Mathieson,1980)和 Cho(1984)等在对发展中国家的经济发展和金融深化做了研究。20 世纪 90 年代以来,金融理论学者建立了引入不确定性、不对称性的模型,不确定性包括偏好冲击和流动性冲击,不对称性信息包括逆向选择和道德风险,该模型阐述了金融中介和金融市场是如何形成的。亚隆（Yaron，1998）等提出，必须建立一个有效的农村金融制度，去增加农村金融对农村经济增长的贡献。在20世纪80年代以前，农业融资理论一直是农村金融理论中的主流理论，农业融资理论认为，农村面临的最大问题是资金短缺，农民的储蓄能力很低。到20世纪80年代，农业融资理论被农村金融市场理论所取代，与农业融资理论相反，农村金融市场理论反对政府干预，认为需要依靠市场机制来解决农村资金难题，而且农户具备一定的储蓄能力，政府没有必要从外部引进政策性资金。相反，政府的低利率政策降低了农村金融机构的积极性，阻碍了农村金融机构的可持续发展。

（二）农村金融服务不断创新发展

理论界也认为，农村金融市场的稳定发展离不开政府的干预，这样，才能降低农村金融风险，培育健康的农村金融市场。亚隆等实地考察了发展中国家农村金融市场发展情况，给出了非常具体的农村金融市场评价：从农村金融对经济发展的积极作用和农村金融市场自身可持续发展两个方面，提出经济公平发展和贡献程度两个判断标准。其实，对于农村金融机构来说，依靠业绩判断是不能进行有效评价的，因为农村金融机构拥有设立的政策倾向。所以，亚隆指出，要想有效地评价农村金融机构，应着力从自我维持程度和服务对象两个方面去评价农村金融的经营绩效。

（三）国外学者对于村镇银行研究多集中于信贷业务方面

费尔南多（Fernando，2006）挑选除中国之外的亚洲地区的村镇银行进行研究，他认为，刻意压制信贷利率是不可持续的，政府应该将侧重点放在如何促进村镇银行提高经营效率上。赫尔姆斯和赖利（Helms and Reille，2004）针对村镇银行小额信贷中定价方式、计息方式和价格条款等因素进行深入研究，提出推动村镇银行提高有效利率的方法。阿吉翁和莫杜克（Aghion and Morduch，2000）将研究侧重点放在贷款回收率上，深入探讨了信贷的经营可持续性问题。伯格（Berger，1995）将银行规模和盈利能力联系起来，得出了银行不能通过规模来达到盈利水平。De Young（2002）发现，社区银行与大银行相比，其业务模式是非常具有现实意义的。基顿、哈维、威利斯（Keeton，Harvey，Willis，2003）指出，在过去十几年里，大多数社区银行能够自我维持，保持良好的盈利能力。

总之，上述理论研究成果，为本书提供了借鉴和重要参考。国外农村金融市场的竞争、村镇银行信贷业务等方面的成功经验给我们带来有益的启发。但需要结合我国的国情，依据农业经济和经营环境的不同，走出具有一定特色的村镇银行发展之路。

二　国内研究现状

（一）村镇银行设立的依据

从 2006 年设立至今，国内学者在村镇银行研究方面硕果累累。在村镇银行设立的理论基础方面，黄韩星（2008）、邢增艺（2009）等提出，村镇银行设立的依据包括金融深化理论，主张政府放弃对金融市场的干预；金融成长内生理论指出，农村金融体制改革和农村金融呈正相关关系，一些非正规金融机构会因为农村金融市场的发展而逐渐淘汰，主张政府不应该过多干预；发展经济学理论认为，依据我国国情，对农村金融市场应该采取资本投入。我国多数学者从金融供给不足、农村资金需求旺盛和农村金融政策方面去探讨村镇银行设立的现实依据。

在金融供给不足方面，陶磊（2008）提出，由于发展中国家的政府在产业发展中往往更依靠工业发展，因此，政策更多地向工业倾斜，而在农村，金融机构提供的金融支持逐年递减。

在农村资金需求旺盛方面，社会主义新农村建设每年需要投入 2 万亿元的资金，农村的资金需求非常旺盛。

在农村金融政策方面，2006 年，银监会发布的《关于调整放宽农村地区银行业金融机构准入政策，更好支持社会主义新农村建设的若干意见》指出，将村镇银行的准入门槛降低，大力支持其他商业银行在农村地区投入资金，设立专门经营贷款业务的公司。

（二）村镇银行面临的机遇与困境

目前，我国农村金融服务严重缺乏，农村的贷款需求非常旺盛，农民往往贷不到款。为了有效地防止农村资金出现"虹吸现象"，政府出台了很多优惠政策。林俊国（2007）认为，村镇银行将出现一片欣欣向荣的发展态势。通过和其他金融机构对比，他表示，与其他正规金融相比，村镇银行拥有自身的优势：村镇银行是股份制架构，在日常经营中更加灵活，能够提供更好的金融服务。但是，王继东（2008）指出，村镇银行也面临很多困难。比如，与其他农村金融组织如农村信用社、邮储银行和农业银行相比，村镇银行在一些业务方面处于竞争劣势，包括贷款规定，单一客户的贷款额不得超过净资产的10%。同时，村镇银行从服务农村角度出发，服务对象违约风险大、贷款用户数量多等因素，将更加降低村镇银行的收益。张靖（2009）表示，由于农业的弱质性，村镇银行承担的风险很大，再加之我国的农业保险不健全，保险覆盖率不高，从而增加了村镇银行承担的信贷风险，同时也无法转移自身的信贷风险，村镇银行的可持续发展无从谈起。马伯龙（2008）从村镇银行的金融产品创新角度出发，认为村镇银行在金融产品创新方面处于劣势，其所提供的服务单纯依靠存贷差盈利，如今农村金融市场呈现多元化发展态势，因此，村镇银行应该将经营重点向代理、保管和个人理财等业务倾斜，加上农业保险和农产品期货的保障，可以使村镇银行转移自身经营风险，提升经营管理能力。

（三）村镇银行的可持续发展

在村镇银行可持续发展方面，王建中（2008）从制度层面出发，对村镇银行的可持续发展进行了全面系统的研究。他认为，村镇银行的立身之本，首先是要做到合规经营，要明确自身设立的出发点就是服务"三农"，解决农村资金需求旺盛而资金供给不足的矛盾。其次，村镇银行应该不断创新金融服务产品，扩大自身影响力，加强舆论宣传。最后，村镇银行可以在股东方面做文章，扩大自身股东人数，引进更多投资者来实现多元化融资。侯俊华、汤作华（2008）从政策角度出发，指出，村镇银行的可持续发展离不开政府的支持，政府应该制定更多的政策支持村镇银行的发展，村镇银行在保证服务"三农"的同时，经营要不断创新，提升自身的经营能力。黄晶金（2009）认为，村镇银行作为服务"三农"的新型农村金融机构，国家应该在税收、存款准备金和补贴方面，制定更多的优惠政策，但同时指出，政策的优惠又会使村镇银行降低经营管理水平，对政策形成依赖，而且政策的扶持也不符合金融市场公平竞争的要求。郭晓鸣（2009）从村镇银行的市场定位出发，指出，村镇银行应该明确市场定位，主动寻求和其他正规金融机构合作，避免在经营中出现正面竞争。因为村镇银行自身体制不完善，处于发展初期，在网点和资金规模方面，都没有实力去和其他金融机构竞争。因此，村镇银行要想可持续发展，就应当明确市场定位，提升服务水平，培养员工专业的技能素质。李东卫表示，村镇银行走可持续发展的道路，就必须培育有自身特色的金融产品，实现特色化经营，培育与其他金融机构竞争的实力。

第三节 研究框架和方法

一 研究框架

本书共分为十一章，第一章阐述了本书的研究背景和意义，介绍了目前国内外对村镇银行的研究成果。第二章主要是农村金融的理论分析和概念界定，介绍了农村金融发展理论的三个发展阶段及代表理论，定义并解释了村镇银行和村镇银行可持续发展的概念。第三章梳理了村镇银行的创新理论与制度构建及政策。第四章阐述了村镇银行发展历程及现状。第五章主要对村镇银行的风险进行研究，并对风险产生的原因进行剖析。第六章对村镇银行的风险管理目标、方针及制度进行分析。第七章分析制约村镇银行可持续发展的因素，对村镇银行的发展前景、存在的主要问题、可持续发展的优劣势进行分析。第八章分别对发达国家、发展中国家农村金融机构的风险管理进行介绍,并总结了可借鉴的经验。第九章选取吉林省的典型案例,从微观角度分析了村镇银行发展形势,提出了基于波特五力模型对吉林省村镇银行的发展现状进行横向分析,并结合吉林省两家典型的村镇银行进行纵向剖析。第十章提出具体的对策建议。对村镇银行自身来说,需要准确定位目标客户,拓宽资金来源,提升经营管理水平,并且建立内部科学的监管机制;对政府来说,需要加大扶持力度,加快法律法规体系的建设。

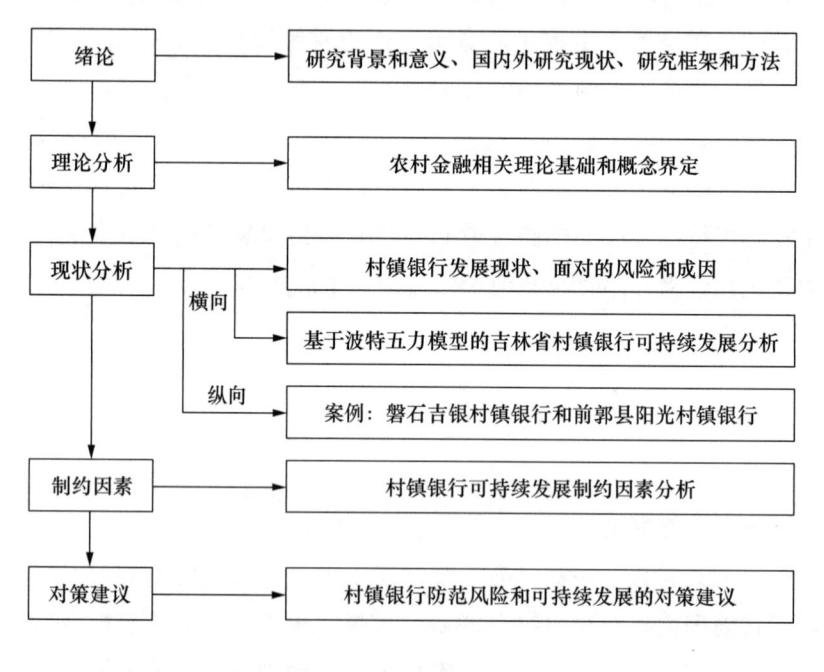

图1-1 本书基本框架

二 研究方法

(一)系统分析法

本书采用系统分析方法,谋篇布局,使各章节构成一个有机整体。

(二) 文献探讨法

本书在写作过程中广泛地查阅了国内外成功的村镇银行防范风险和实现可持续发展相关研究成果，为具体研究和探索符合我国村镇银行可持续发展的金融体制提供了理论基础和经验借鉴。

(三) 科学分析法

引入波特五力模型，对村镇银行可持续发展能力进行科学论述，同时，采用比较分析法，对吉林省两家村镇银行进行系统分析，指出阻碍村镇银行可持续发展的因素，并从两家村镇银行找出可以借鉴的有益经验，提出促进村镇银行可持续发展的对策建议。

(四) 实地调研法

本书在撰写过程中多次对吉林、黑龙江等省份的一些村镇银行进行了调研，取得了宝贵的一手资料和有意义的经验。

第二章 农村金融的相关理论和概念

理论对实践具有指导意义，同时理论创新是建立在前人研究成果和实践基础上的。研究村镇银行的风险防范和可持续发展问题，首先需要对农村金融相关基础理论进行回顾和梳理，其次需要对村镇银行可持续发展的概念进行论述，以便确定研究边界和范围。本章将对农村金融发展理论进行梳理，界定村镇银行和村镇银行可持续发展的概念内涵。

第一节 农村金融相关理论

农村金融一直是整个金融体系的薄弱环节，长期以来，受到大量学者的关注和青睐，发表了大量的学术研究成果。农村金融发展理论是在金融发展理论基础上发展形成的，传统上的农村金融发展理论包括农业信贷补贴论和农村金融市场论，斯蒂格利茨的不完全竞争市场理论也受到众多研究者关注。因此，可以将农村金融发展理论划分为农业信贷补贴论、农村金融市场论、不完全竞争市场理论和金融包容理论四种。四种理论根据它们的假设，结合政府调控、干预农村金融市场等问题，各自提出了不同的政策建议。

一 农业信贷补贴论

农业信贷补贴论产生于 20 世纪 80 年代之前，农业信贷补贴论对政府在市场中的功能、结构和作用持完全肯定态度。该理论认为，农村金融存在的问题是：由于农村居民普遍贫困导致农村储蓄能力低下，因而资金供给不足，同时直接影响农民的还款能力；由于农业弱质性，导致农村信贷需求具有长期性，不利于资金回笼。基于上述问题，商业金融机构以利润最大化为目标，它们不愿意进入农村金融市场，该理论主张政府干预农村金融市场，从农村外部注入政策资金，提高农业产量，改善农村贫困。同时，应当建立非商业性的农村金融机构，向农村注资。

然而，由于理论假设和现实情况偏离较大，导致农业信贷补贴论和相应的实施政策相悖，政府过多的管制抑制了农村的金融需求，低利率政策往往被经济情况良好的农民利用，较穷的农民被排除在外，并且没有从根本上解决农村资金需求问题，出现失败是不可避免的。在供求双方受到抑制的情况下，政府管制下的政策性金融机构贷款回收率低，自身的可持续发展能力弱，从而严重影响了农村金融的自身发展。

二 农村金融市场论

20世纪80年代以来，在农村金融市场上，农业信贷补贴论逐渐被农村金融市场论替代。农村金融市场论反对政府对农村金融的干预，强调发挥市场机制的作用，认为利率应该由市场自发决定而非政府管制；在资金方面，该理论认为，农民具有储蓄能力，应该注重从农村内部募集资金，同时，应该采取各种市场化手段，提高农村贷款的回收率；该理论主张麦金农和肖的观点，认为低利率不利于吸收农民存款，会阻碍农村金融发展；同时认为，农村信贷存在较高的机会成本及信用风险，因而应该提高市场利率，以实现企业自身的可持续发展。

农村金融市场论曾一度获得正规金融学理论和世界银行等国际金融机构的双重支持，至今仍然是农村金融理论领域的主流学派，对我国村镇银行的建设具有重要的理论参考意义。

三 不完全竞争市场理论

20世纪90年代以来，人们普遍认为，要想培育高效的农村金融市场，还需要一些非市场因素来支持它，因为市场存在失灵。不完全竞争市场理论为政府干预农村金融市场提供了理论依据。同时，政府应该逐步放开利率管制和对金融机构的保护措施；鼓励农村金融市场的竞争，承认非正规金融机构的存在意义。不完全竞争市场理论强调，在农村金融市场，政府应该适当鼓励非正规金融机构介入，以提高非正规金融机构的金融效率。

因为市场存在缺陷，必须认识到，如果希望有效地克服市场缺陷，政府需要进行一定程度的干预，由于市场失灵，它必须要有完善的制度结构。因此，参与农村金融市场的非市场因素，首先要着眼于农村金融机构的改革，以排除阻碍农村金融市场有效运行的障碍。包括优先获得政府贷款、面向特定部门低利率的政策性融资、放宽市场准入标准、组建借款人联保小组等，以此促进农村金融的发展。

四 金融包容理论

金融排斥现象在世界范围内广泛存在，是世界上大多数国家面临的共同难题。据金融包容全球合作伙伴组织（GPFI）统计，全世界约25亿劳动适龄成年人不能获得正规金融服务；据世界银行的统计，全球约有56%的成年人不能获得银行服务，其中，高收入国家为17%，发展中国家为64%。鉴于全球范围内金融排斥的严重性及其对各国经济发展的危害，近年来，金融包容已经成为各种国际论坛的重要议题和许多国家政策的优先选择。联合国2005年将"包容性金融体系"构建作为千年发展目标实现的重要途径；2010年11月的首尔峰会上，20国首脑将"金融包容"作为发展的九大支柱之一。2013年亚太经合组织（APEC）年会将"提高金融包容性"作为公平、可持续增长的重要举措之一。2013年11月，党的十八届三中全会通过了《中共中央关于全面深化改革若干重大问题的决定》，将发展普惠金融（包容性金融）作为金融深化改革的重要内容。伴随着金融包容实践的开展和不断深入，国外许多研究机构和学者对金融包容的内涵、评价体系、影响因素、效应以及对策等进行了广泛的研究，使金融包容的研究不断丰富和完善。

金融包容的内涵和动因。金融包容是金融领域的一个新兴研究方向。在早期的研究中，由于表达金融包容与金融排斥的英文正好是一对反义词，国外很多机构和学者在没有明确其内涵的前提下，将金融包容作为金融排斥的对立概念加以使用，如莱申和恩里夫特（Leyshon and Thrift，1997）、FSA（2000）认为，金融排斥与金融包容交错关联，金融包容的演变历程同时也是少数个体与家庭被金融遗弃的过程。或者将金融包容简单地理解为金融排斥的削减，如威尔士议会政府（WAG）将金融包容定义为：无论收入水平或社会地位，每个人都可以接触到合适的金融产品和服务以有效管理资金。里甘和帕克斯顿（Regan and Paxton，2003）对此提出了质疑，认为金融包容是一个不断演化的理念，理解实现金融包容的关键在于需求宽度与参与深度，前者是指人们需要在适当时间接触到一系列金融产品与服务，后者是指人们需要有能力及机会去使用这些金融产品和服务。2005年，联合国在宣传"国际小额信贷年"时正式提出"包容性金融体系"的概念，并将"金融包容"的目标归纳为四个方面。

（1）家庭和企业可以用合理的价格获得各种金融服务，包括储蓄、信贷、租赁、代理、保险、养老金、兑付和国际汇兑等。

（2）健全的金融机构应遵循有关内部管理制度、行业业绩标准，接受市场监督，同时也需要健全的审慎监管。

（3）金融机构的可持续性以确保可提供长期的金融服务。

（4）要在金融领域形成竞争，为客户提供更高效和更多可供选择的金融服务。它强调金融包容不仅致力于对需求主体的包容，而且注重供给主体的可持续发展。

近年来，学者从狭义和广义两个角度，对其内涵进行了界定。从狭义上看，金融包容特指确保社会弱势群体以及低收入者在能够支付得起的情况下，能够及时、充分地接触和获得金融服务（Rangarajan Committee，2008）。从广义上讲，金融包容泛指合理成本下金融服务的可接触性（Chakravarty and Pal，2010），不再特指社会弱势群体，而是经济体中每一个人都有权利享受金融服务。对于定义中的关键词——金融服务的可接触性，普拉切伊和罗（Prachey and Roe, 2006）认为，其具有公共物品属性，如同接触安全水和初等教育一样，政策的主要目标是使所有人没有限制、不受歧视地享受到金融服务。Demirguc - Kunt 和 Levine（2008）指出，就是在使用金融服务时不存在价格上和非价格上的壁垒，由于其多维性（包括服务的便利性、成本、范围及质量），所以，很难对其进行定义和测度。富勒和梅勒（Fuller and Mellor, 2008）认为，金融包容应该是福利导向型的，但 Alpana（2007）却主张市场导向型或利润驱动型。无论出于何种动机，金融包容最希望看到的结果是能够帮助穷人以低成本的价格获得金融服务，减少贫困（Cnaan et al.，2012）。

金融包容的动因研究可以归结为理论和现实两个层面，以村镇银行创始人穆罕默德·尤努斯（Muhammad Yinus）为代表，他在《穷人的银行家》（Banker of the Poor）一书中将信贷权提升到基本人权的高度，认为人人都有平等地享受金融服务的权利；为穷人提供小额信贷，是消除世界性贫困的最有力的武器。这一论断证明了金融包容出现的必然性，其金融包容的理念得到国际社会的广泛认可。

（一）破解金融排斥的现实需要

金融地理学家莱申和恩里夫特（1995）发现，20世纪90年代中期，随着管制放松、信息技术发展及全球化趋势加深，银行业开始注重"价值最大化"目标，进入了"为质量而战"的竞争阶段，出于控制风险、降低成本、增加利润的权衡，在扩大服务种类与范围的同时，将一些小城市、农村以及边远地区的分支机构纷纷关闭，并排斥对一些低收入人群的服务。而金融包容的出现能够破解这种金融排斥的局面（Canan et al.，2012）。

（二）促进金融公平的现实需要

根据世界银行发布的《全球金融包容指数》（2012），全球共有

25亿人没有银行账户,其中大多数生活在发展中国家。金融公平的缺失是造成贫困和不平等的重要原因。金融包容致力于将"无银行服务"人群纳入正规金融体系,为其提供全面的、多层次的金融服务,消除金融服务过程中的歧视和不公平。

(三)解决小额信贷危机的现实需要

过去几十年里,小额信贷取得了巨大的发展。许多国家的实践表明,小额信贷不仅具有经济上的可行性,并且有助于持续地提高金融服务的可接触性。但是,这种分散、小额的金融形式也存在一些问题,如不合理的贷款利率、逐利资金的进入与无序竞争等,均在近年来印度的小额信贷危机中暴露出来。相较于小额信贷的单兵突进,金融包容更强调在整体框架下统一运行,将一个个零散的从事小额信贷的微型金融机构和服务有机地整合成一个系统,并将这个系统融入整体发展战略中去,让金融服务在促进整个经济增长和个体福利改善中发挥更大的作用。

第二节　金融风险理论

一　风险的概念

目前,关于风险的概念研究较多,以下仅举出几种代表性的观点,然后加以述评。

(一)风险是损失,是不利因素

根据韦氏《新国际词典》的定义,"风险是冒险;危险;严重危险;面对的损失、伤害、不利、毁灭",同时它认为风险和危险的区别在于风险是自愿的,而危险是机遇的产物。我国的《辞海》(1989)给风险下的定义是:人们在生产建设和日常生活中遭遇可能导致人身伤亡、财产遭受损失及其他经济损失的自然灾害、意外事故和其他不确定性事件的可能性。这些定义包含风险的本质,把损失的概念与概率的概念结合起来。这里的风险仅仅是从负面的角度来看的，不包括风险可能带来的收益。

（二）风险是未来结果的不确定性或波动性

美国学者阿瑟·威廉姆斯、M. 汉斯在《风险管理与保险》中给"风险"下的定义为："在给定的情况下和特定时间内，那些可能发生的结果间的差异。如果仅有一个结果是可能的，则这种差异为0，从而风险为0；如果有多种结果是可能的，则风险不为0，这种差异越大，风险就越大。"

由此可见，风险是未来结果的不确定性或波动性，是指在客观事物发展过程中，由于种种不确定因素的存在，使经济人的实际收益与预期收益发生偏离，从而蒙受损失或获取额外收益的可能性。这样的定义，突出了风险发生的不确定性，但是，没有涉及风险的影响。

（三）风险是客观状态或结果

杨忠、赵曙明（1998）对风险下的定义是："风险是在一定环境和期限内客观存在的，导致费用、损失和损害产生的，可以认识与控制的不确定性。"同时，中国台湾学者宋明哲对风险下的定义是："风险指特定客观情况下，特定期间内，某一结果发生之可能差异程度而言，亦即指实际结果与预期结果之变动程度而言，变动程度越大，风险越大；反之，则越小。"这样的定义强调了风险发生的客观性，但没有涉及人类的风险意识对风险的主观反应情况。

从以上对三种"风险"的定义中，我们可以看到，它们都只从风险的一方面特性来定义的，如风险的不确定性、风险的损失性、风险的客观性等。由于社会活动的庞杂和丰富，风险概念的复杂，结合本书的研究对象，本书认为，风险是指由于社会活动中种种不确定因素影响，使行为主体的实际收益目标与预期收益目标发生背离，从而导致行为主体在社会活动中遭受损失或获取收益的一种可能性。

二 金融风险的概念

金融风险是一种客观存在，无论人们对其认识与否，它都在市场经济和金融活动中产生、变化和发展着。同时，它主要是由不确定性引发的。所谓不确定性，一是指金融活动中可能遭受损失的主体具有不确定性，其受损与否、受损程度也具有不确定性；二是指可能受损的主体在受损的具体时间上具有不确定性。这种二重不确定性，也决定了金融风险因素的潜伏性与风险事件的突发性。根据以上对金融风险的分析，可以认为，金融风险是市场经济的产物，它是不确定的，因此，可以将其定义为：金融风险是指市场经济条件下金融活动中客观存在的货币资金损失的不确定性。

三 农村金融风险的概念

结合金融风险的定义，可以认为，农村金融风险是指市场经济条件下农村金融活动中客观存在的货币资金损失的不确定性。其中，不确定性是农村金融系统的内在属性，无法将其完全消除，它与市场经济系统的运行密切相关，对农村稀缺资源在竞争目标中的配置有着重要影响。正是由于种种不确定性因素的存在，导致客观事物在发展过程中使农村金融机构的实际收益与预期收益往往会发生偏离，可能会蒙受损失，也可能会获取额外收益，从而形成风险。

四 风险管理的概念

风险管理是指管理人员对可能导致损失的风险进行识别、分析、评估和有效的处置，以最低成本为项目的，提供最大安全保障的科学管理方法。

五 村镇银行金融组织风险的特征

（一）风险的客观性

金融机构有遭受损失或获取收益的可能性，是由于风险是受人的行为和经济环境的不确定性的影响而产生的。这种不确定性的存在是不以人的意志为转移的，是客观事物变化过程的特性。所以，农村金融风险是客观存在的。人们在经济活动以及经营管理中，是不可能将风险消灭的，能做的只能是尽量减少损失，使损失降到最小。

（二）风险的二重性

我们在研究金融风险时，一般都会将注意力集中于负面效应上。但是，在现实经济生活中，由于金融风险的影响而获取额外收益的情况也客观存在，而且由于这种"高风险，高收益"的效应才使人们敢于承担风险，形成不断的竞争和创新机制，推动社会的进步与发展。所以，金融风险这种约束、激励机制的双重性特征有利于社会更好地配置社会资源，提高资源的配置效率。

（三）风险的相关性

人们所面临的风险与其行为、决策和环境是相互联系的，同样的行为由于所处的经济环境或采取的决策措施不同，会产生不同的风险结果，同一经济活动或同一事件也会引发不同的风险后果。这种特性决定了风险受经营者自身的经营活动以及服务对象的经济行为决策和活动效率的影响，而且后者的影响比率要大于前者，从而体现出两者之间的相关性。正是由于这种相关性的存在，使金融风险的管理复杂化。管理者不仅要考虑农村金融本身的关系，而且还要协调考虑经济活动中各个环节、各个行为主体以及决策，才能达到有效管理金融风险的目的。

（四）风险的可控性

金融风险虽然存在不确定性，但并不意味着人们在金融风险前束手无策。只要审时度势，积极面对，充分发挥主观能动性，通过各种有效的行为决策和措施，因势利导，其结果一定会使金融风险与期望的方向不断接近。在控制金融风险的实践中，通过各种风险机制和管理措施，取得了较好的经济效益和成就。因此，只要能够正确地看待金融风险，对于金融风险的控制还是可操作的，从而使金融运行良好，更好地发挥金融对经济增长的促进作用。这就是风险的可控性。

（五）风险的加速性

金融风险的爆发存在很大的危险性，其结果是因信用基础的丧失而加速金融的动荡。当在某种情境下出现某笔或几笔存款不能兑付时，这时就会形成恶性循环，存款越多，就越兑付不了，然后存款客户减少；同时会出现客户挤兑情况增多，客户就越挤兑；存款越少，存款就越困难。这时就会出现贷款难以收回，资金周转困难，信用紧缩，这种恶性循环最终导致贷款"锁定"。所以，一旦金融风险爆发，情况往往呈加速度恶化，甚至形成金融危机。

六 村镇银行金融组织风险管理的一般策略

金融风险的存在是客观和必然的，是无法避免的。然而，我们能够采取有效措施，降低风险系数，使金融资产的安全得以提高。一般而言，防范与化解农村金融风险，可以采取以下六种策略。

（一）风险控制

风险控制是指在风险发生时或风险发生前所采取一定的手段和方法，减少风险产生的损失，或增加风险收益而进行的一种风险管理方法。它是在风险识别、风险分析和评价之后的风险管理环节。这种措施积极、有效，是主动采取措施来对待预测到的风险，不是消极地等待风险出现后而进行的补救措施，即使在风险发生时进行的风险控制手段，也是在风险发生之前就已经有所准备、有所考虑的。这种积极的控制措施，可以达到控制风险，从而获取更高收益的目的。

（二）风险回避

风险回避是一种比较简单和保守的风险控制手段。是指在风险发生之前，风险管理者因预见从事某种经营活动可能带来的风险损失，有意识地采取回避措施，拒绝或主动放弃承担这种风险。客观上讲，在现代经济社会中，风险丛生，采取各种方式来回避风险，反映出来的是管理者的不思进取。所以，从机会成本的角度来考虑，放弃了可能获取的风险收益，事实上，也是一种损失。因而，这种回避方式，只针对极不安全或者得不偿失的风险才可以采取，在这之前，必须很好地权衡风险与收益的关系。

（三）风险分散

风险分散是指利用风险之间的相关性，通过对性质不同的各种风险承担，取得风险组合的最优，在获取较高的风险收益的同时，这些风险加总得出的总体风险水平最低，也称为风险组合。这种策略主要包括以下五个方面：①分散资产种类。是指在各类贷款和各种证券上分散资产。②分散在各个行业上。是指资金投资不集中在某一个行业，而是在若干行业进行投资。③分散在不同地区。是指将资金分别投资于经济发达地区，经济发展中地区和经济落后、急需开发地区，把资金投资于全国各地或者全球各地不同的地区。④分散客户。是指在不同行业、不同规模、不同地区的客户上进行资金投放。⑤分散资产质量。是指对于发放贷款或购买证券，在不同质量的证券和贷款上实行资金分散，从而既获得低质量资产的较高收益，又可以获得低收益资产的高质量，从而达到风险最小化和收益最大化的统一。这种风险管理的有效途径是典型的"不把鸡蛋放在同一个篮子里"的做法。

（四）风险转移

风险转移是一种典型的风险事前管理措施，是风险主体在交易活动中，为了使自己避免承担风险损失而转移给其他人承担将可能发生的风险。在这种措施下，虽然改变了承担风险的主体，但风险源却不能消灭。风险主体将风险全部转移出去了，在可能保留风险带来的部分收益的同时，还可以不再承担任何风险导致的损失。因此，这也是这种风险管理措施广泛被采用的原因所在。一般情况下，风险转移的方式有五种：一是担保。这种方式就是要求客户提供对其担保的担保人，将客户的信用风险转嫁给担保人，由担保人对债务承担连带责任。在客户的信誉程度较低时使用这种方式。二是保险。向保险公司支付一定数量的保险费进行投保，在保险有效期内，投保的各种风险资产发生了事故，遭受了损失，就能够获得保险公司的补偿。三是转让。对于有价证券和票据风险，转让更为常用。为了达到控制风险的目的，主体在将有风险的资产转让给他人的同时，也转移了所附带的风险。四是期货与期权交易。这是一种很受欢迎的措施，特别是在国际金融活动中，期货与期权交易能够实现风险的转移，金融风险能够在一定程度内得到有效控制。五是指数化。它是在通货膨胀时期最为普遍应用的一种方法。实际上是一种风险转移方式，是通过市场中的经济变量的指数来调整价格，调整利益分配的一种方法。

（五）风险抑制

风险抑制是指承担风险之后，在风险爆发之前，采取措施，对事态可能向不利方向变化的信号加强关注，防止事态恶化，尽量减少和避免风险造成的损失。这种手段又可以分为两大类：一类是积极的风险抑制，另一类是消极的风险抑制。所谓积极的风险抑制就是在风险实际发生之前就能减少或者消灭风险源，从根本上控制风险的发生或把风险带来的损失降到最低。消极的风险抑制是指通过事前的预测和控制，当风险来临时，采取各种手段，将风险所带来的损失尽量降到最低或者避免损失的发生。一般来说，我们可以将这两种手段结合起来使用，效果会更理想。

（六）风险补偿

风险补偿是指风险主体为了使遭受的资产损失得到弥补，采用对抵押的资产进行拍卖的方式，从而风险主体正常的经营不会因为风险损失受到影响，更不会损害风险的主体形象与信誉。这种措施比较被动，是在事后才进行风险控制。实际上，在风险发生之前就已经做好了准备，这样就可以用风险主体的收入来弥补风险和降低风险所带来的损失。这是一种"死后验尸"的风险控制方法。

七 村镇银行金融组织风险管理方法

风险价值法（Value at Risk，VaR）是一种市场风险测量的新方法。在 20 世纪 90 年代中后期，许多银行和监管机构开始把这种方法当作行业标准来衡量全行业的风险。VaR 方法有吸引力的地方是能用一个简单的以美元为单位计量的数字（潜在亏损）来概括银行的全部资产组合风险，这也是风险管理的核心。因为它在已知的概率下回答了银行投资组合的价值在下一阶段最多可能损失多少。对投资者而言，VaR 方法能够简单、清楚地表示市场的风险，许多管理者和投资者都可以用 VaR 值评估金融风险；VaR 方法拥有传统金融风险管理所做不到的地方，它不像以前风险管理的方法那样，事后衡量风险大小，而是可以事前计算风险；并且它既能计算由多个金融工具组成的投资组合风险，又能计算单个金融工具的风险。现在，VaR 方法已经作为一种金融风险管理方法被 1000 多家的银行、保险公司、投资基金、退休基金和非金融公司所采用。VaR 方法使每个交易者或交易单位都可以清楚地知道正在进行的金融交易有多大风险，这样，可以规范操作人员的行为，并且为了防止过度投机，可以对交易者或是交易单位设置变量限制，执行严格的 VaR 方法管理，就可以避免一些比较大的金融交易损失。VaR 方法还可以用于业绩评估，在高风险与高收益相伴的金融交易中，交易员可能为了较高的利润而承担较大的风险，而公司要稳健经营又需要限制交易员可能的过度投机行为。当然，VaR 方法也有其限制，它作为市场风险的主要衡量手段，单独使用 VaR 方法的话，容易忽视如信用风险以外其他风险。从技术上说，VaR 方法只是在一定置信区间内表明了最大损失，但高于 VaR 值的损失也有可能发生，并且一旦发生，后果可能是重大的。所以，VaR 方法在金融风险管理中并不能涵盖一切，还需要综合使用各种其他定性、定量分析方法。风险调整的资本收益法来源于"风险调整后资本收益率（Risk Adjusted Return On Capital，RAROC）"的构建。风险调整后资本收益率是银行的资本配置和业绩衡量方法。RAROC 是收益与潜在亏损值之比。在进行一项投资时，风险和预期的收益或亏损是正相关的，如果投资亏损，银行资本就会遭受侵蚀，甚至可能致使倒闭。虽然银行对投资亏损所导致的资本侵蚀敏感度很高，但为了盈利，这些风险是银行必须要承担的。RAROC 的宗旨就是银行应在风险与收益之间寻找一个恰当的平衡点。根据这种方法，银行在使用其资金的时候，所评判的原则一般不是盈利的绝对水平，而是依据该资金投资风险基础上的盈利贴现值。潜在亏损（风险值）的大小是 RAROC 的关键，投资报酬贴现与风险值呈正相关关系。RAROC 也可用于业绩评估，如果交易员从事一项 VaR 值较高的投资项目，即使投资利润再高，RAROC 值也不会很高，那么绩效评价也就不会很高。RAROC 方法可以限制交易人员的过度投机行为，防止发生重大亏损，较真实地反映交易人员的经营业绩。近几年来，由于对交易员业绩评价不合理所致的银行倒闭事件不少，例如，巴林银行的倒闭、大和银行的亏损、百富勤的倒闭等。它们只关注盈利水平，而忽略了在获得盈利的同时所承担的风险。全面风险管理（Total Risk Management, TRM）作为国际上金融风险管理出现的一种新趋势，在最近几年中被广泛地应用于银行管理，它是对一体化模型的探索。以前的风险评估模型因为 1997 年亚洲金融危机和 1998 年 10 月在美国发生的长期资本管理公司（LTCM）事件而遭到了严重的挑战。因为这些损失不是由市场风险或信用风险中单个风险引起的，而是由市场风险、信用风险和其他风险共同造成的，这就迫切需要一种新的能够集中处理信用风险、市场风险和其他风险的一体化模型。所谓全面风险管理，是指对整个机构内的不同层次的业务单位、各个类别的风险的全面管理，它不仅要求风险管理系统对信用风险或市场风险进行处理，还要对其他各种风险进行处理，所管理的对象包含这些风险所涉及的各种金融资产与资产组合，如利率、汇率、股票、商品等，以及承担这些风险的各个业务单位，从业务员到机构整体，从总公司到各分公司，从本国到国外。TRM 考虑的是能够让这些风险在一致的基础上加总，考虑风险全部的相关性，而不是针对不同的风险用不同的方法分开处理。这种方法可以提高风险收益的分析质量，不仅是银行业务多元化对银行机构本身产生的一种需求，更是现代银行业追求效益与控制风险的双重要求。资产组合调整方法也是一种新型风险管理方法，它是银行等金融机构吸取证券投资组合经验而建立的一系列方法，包括贷款证券化、并购、信用衍生品。贷款证券化一般是由商业银行将手中的各种流动性较差的一些贷款组合成若干个资产包，经过一些处理出售给专业的融资公司，融资公司再以这些资产为抵押发行资产抵押债券。并购是指通过收购与兼并掌握其他银行已经运用成熟的业务，从而降低进入新领域给银行带来的风险，并通过这样一个平台使收益基础能够达到一个平衡和广泛的地理分布。信用衍生产品是指交易双方在不改变与客户关系的基础上可以把信用风险与其他风险隔离开来，并且可以从一方转到另一方的一项金融合同。

八 村镇银行金融组织风险预警理论

美国花旗集团前董事长沃尔特·里斯顿（Watler Wriston）曾经说过："生活的全部内容是风险的防范与管理，而不是消除风险。"因此，企业和金融机构应该把如何预警和管理风险作为最基本的使命之一，并在其中寻求成功的途径。目前，国际上，有不少金融风险预警和管理机制可以借鉴，也形成了不同目标和功能的金融风险预警理论及模型。如国际货币基金组织针对国际收支风险建立的卡明斯基—里查多—莱茵哈特模型（KLR 模型）、弗兰克—罗斯模型（FR 模型）、塞查斯·纳尔—维拉斯科模型（STV 模型）以及一些发展中国家的国际收支预警模型（DCSD 模型），金融危机蔓延的预期理论和早期预警系统论在不同的系统性理论当中较有影响。监测预警论是由 LP 戴维斯（Davis）在 1996 年提出的。他认为："金融脆弱性是用来描述金融市场上出现这样一种冲击：他们可以导致信贷市场或资产市场上价格和流量发生无法预测的变化，使金融公司面临倒闭的危险，这种危险反过来又不断扩大蔓延以致影响支付机制及金融体系提供资本的能力。"他建议更多的业绩评估系统和金融监管的引进可以促使基金经理形成从众心理，就不会根据自己的判断一意孤行，从而可以避免个人投资决策的失误所导致的金融资产价格的大幅度波动。监测预警论更加重视对单个金融机构的预警工作，认为在财务表现和行为模式上，发生危机的金融机构与健全的金融机构之间必然存在一定的差别，只要密切关注一些可以提前反映金融机构危机的显著变量指标，就可以对金融机构加以预警。目前，美国的"骆驼评级体系"在这一领域具有一定代表性和影响力。伊登格林、罗斯和威普洛斯（Edengreen, Roes and Wyplosz）对于"金融危机蔓延的预期理论"的形成做出了突出贡献。1996年,他们运用20个工业化国家1959—1993年的月度数据,预测金融风险传染效应在欧洲汇率机制崩溃中的作用。分析中,他们首先构造出投机压力指数,然后建立模型预测传染效应的存在及其与危机的相关性。结果表明,传染效应在欧洲汇率机制崩溃中产生了明显的作用。科德里斯和普里特斯克(Kodres and Pritsker)1998年正式提出了"金融危机蔓延的预期理论",该理论认为,金融危机在国家之间蔓延是有原因的,正是金融市场中的信息不均衡所致,目前较多国家与其他国家金融市场的紧密联系增强,相继开放了本国的金融市场,负面的外部冲击通过这些渠道很容易就使其他没有问题的国家受到传染。他们因此开发了一套"确定金融危机传染的经济模型"。同时也强调,一个国家的金融监管当局对该国信息失衡水平和国内宏观经济风险的防范措施及敏感度可以决定金融危机传播的不利影响,认为金融危机即使在没有宏观经济风险的条件下,也可以在两个国家间蔓延,因此,金融风险的监控和预警是非常重要的。早期预警系统论提倡利用金融风险预警系统论预测与防范金融危机。华盛顿大学教授格雷迪亚·L. 卡明斯基(Gradeia L. Kaminsky)于1999年5月4日在国际货币基金组织关于金融危机的早期预警系统的讲座中讲述了《货币和银行危机:脆弱性的早期征兆》的论文。这篇论文通过对发生在20个国家中的102个金融危机的研究,得出1997年亚洲金融危机并非是一种新型金融危机。这次的金融危机发生在经济很脆弱的时期,和在此之前发生在其他地方的危机一样。即使是工业化经济也不能在新兴市场存在更普通和更严厉的金融脆弱性的情形下幸免于外,日本就是一个最近的例子。货币和银行危机经常伴随着出现,并以"孪生危机"而著称。货币和银行危机之间在时间上的联系和它们之间的类似根源都表明,测量银行部门的脆弱性是衡量货币危机危险性的重要指标。基于此,这篇论文推荐了各种不同的危机领先成分指标,并用样本内外的数据来检验这些指标的准确性。

第三节 概念界定

一 村镇银行概述

（一）村镇银行的概念

中国银行业监督管理委员会（以下简称银监会）印发的《村镇银行管理暂行规定》指出："村镇银行是指经中国银行业监督管理委员会依据有关法律、法规批准，由境内外金融机构、境内非金融机构企业法人、境内自然人出资，在农村地区设立的主要为当地农民、农业和农村经济发展提供金融服务的银行业金融机构。"这个概念明确了村镇银行的投资主体、设立主体、业务范围和服务对象，即在农村地区设立，主要为当地农民、农业和农村经济发展提供金融服务。

按照银监会《村镇银行管理暂行规定》的要求，村镇银行设立的条件有八个方面，具体归纳如表2-1所示。

表2-1　村镇银行设立的条件

序号	设立条件	
1	公司章程	
2	发起人或出资人中，应保证有1家以上（含1家）的银行业金融机构	
3	注册资本（一次性缴足）	（1）县：≥300万元
		（2）乡：≥100万元
4	有符合任职资格条件的管理人员	
5	有具备相应专业知识和从业经验的工作人员	
6	有必需的组织机构和管理制度	
7	有符合要求的营业场所、安全防范措施和与业务有关的其他设施	
8	符合银监会规定的其他要求条件	

此外，村镇银行设立的条件要求，其出资人可以是境内外金融

机构、境内非机构企业法人、境内自然人；在《村镇银行管理暂行规定》中，对于村镇银行的各类型股东也做了详尽的规定，对机构类股东的共同要求是必须具有稳健的财务、良好的公司及健全的内部控制与管理，自然人股东则必须具有良好的声誉及入股资金的合法性；村镇银行的股权设置按照《中华人民共和国公司法》有关规定执行。

（二）村镇银行的特征

村镇银行的特征主要有四个方面，具体归纳如表2-2所示。

表2-2　　　　　　　　　村镇银行的特征

序号	特征
1	产权结构：村镇银行是股份制银行，有明晰、多元化的产权结构
2	治理结构：村镇银行是一级法人机构，拥有现代企业制度
3	经营目标：限定区域经营，村镇银行在追求利润最大化时，要充分考虑为本区域"三农"服务
4	管理模式：村镇银行的经营中心在县城区域，以此为中心向县城所辖地区扩散

二　村镇银行的性质

（一）村镇银行是独立的企业法人

村镇银行享有由股东投资形成的全部法人财产权，依法享有民事权利，并以全部法人财产，独立承担民事责任。

村镇银行股东依法享有资产收益，参与重大决策和选择管理者等权利，并以其出资额或认购股份为限，对村镇银行的债务承担责任。

（二）村镇银行具有商业银行的性质

村镇银行同商业银行一样，以安全性、流动性和效益性为经营原则，自主经营、自担风险、自负盈亏、自我约束。

村镇银行依法开展业务，不受任何单位和个人的干涉。

（三）村镇银行属于小型金融机构

村镇银行在设立上只能设在县城，最初一般为单一机构，不能发展成为中型银行。村镇银行在业务上也有地域限制，不得发放异地贷款。

(四) 村镇银行是经营综合性业务的新型农村金融机构

与其他新型农村金融机构相比，村镇银行业务种类比较丰富。贷款公司只能发放贷款，不能吸收公众存款，资金来源渠道单一。农村资金互助社虽然可以吸收存款，但其主要以社员为业务对象。村镇银行不同于上述其他两类新型农村金融机构，可以说是小型商业银行，可以经营吸收公众存款，发放短期、中期和长期贷款，办理国内结算、票据承兑和贴现业务。

三 村镇银行的设立

2007年1月，中国银监会印发了《村镇银行管理暂行规定》，对村镇银行的设立条件提出了具体要求，主要包括以下八个方面。

第一，有符合规定的公司章程。

第二，发起人或出资人应符合规定的条件，且发起人或出资人中应至少有1家银行业金融机构，发起人或出资人包括境内金融机构、境外金融机构、境内非金融机构法人和境内自然人四类。对这四类发起人或出资人的条件都做了明确的要求。

(1) 境内金融机构应符合以下条件：①商业银行未并表和并表后的资本充足率均不低于8%，且主要审慎监管指标符合监管要求，其他金融机构的主要合规和审慎监管指标符合监管要求；②财务状况良好，最近两个会计年度连续盈利；③入股资金来源真实合法；④公司治理良好，内部控制健全有效；⑤中国银行业监督管理委员会规定的其他审慎性条件。境内金融机构出资设立或入股村镇银行须事先报经银行业监督管理机构及有关部门批准。

(2) 境外金融机构应符合以下条件：①最近一年年末总资产原则上不少于10亿美元；②财务稳健，资信良好，最近两个会计年度连续盈利；③银行业金融机构资本充足率应达到其注册地银行业资本充足率平均水平且不低于8%，非银行金融机构资本总额不低于加权风险资产总额的10%；④入股资金来源真实合法；⑤公司治理良好，内部控制健全有效；⑥注册地国家（地区）金融机构监督管理制度完善；⑦该项投资符合注册地国家（地区）法律、法规的规定以及监管要求；⑧注册地国家（地区）经济状况良好；⑨中国银行业监督管理委员会规定的其他审慎性条件。

（3）境内非金融机构企业法人应符合以下条件：①在工商行政管理部门登记注册，具有法人资格；②有良好的社会声誉、诚信记录和纳税记录；③财务状况良好，入股前上一年度盈利；④年终分配后，净资产达到全部资产的10%以上（合并会计报表口径）；⑤入股资金来源合法，不得以借贷资金入股，不得以他人委托资金入股；⑥有较强的经营管理能力和资金实力；⑦中国银行业监督管理委员会规定的其他审慎性条件。拟入股的企业法人属于原企业改制的，原企业经营业绩及经营年限可以延续作为新企业的经营业绩和经营年限计算。

（4）境内自然人应符合以下条件：①有完全民事行为能力；②有良好的社会声誉和诚信记录；③入股资金来源合法，不得以借贷资金入股，不得以他人委托资金入股；④中国银行业监督管理委员会规定的其他审慎性条件。

第三，在县（市）设立的村镇银行，其注册资本不得低于300万元人民币；在乡（镇）设立的村镇银行，其注册资本不得低于100万元人民币，注册资本为实收货币资本，且由发起人或出资人一次性缴足。对于发起人和投资人的股份构成也做了明确规定。首先，投资村镇银行最大股东或唯一股东必须是银行业金融机构，且最大银行业金融机构股东持股比例不得低于村镇银行股本总额的20%。2012年5月26日，银监会印发《关于鼓励和引导民间资本进入银行业的实施意见》（银监发〔2012〕27号）指出，支持民营企业参与村镇银行发起设立或增资扩股。村镇银行主发起行的最低持股比例由20%降低为15%。其次，单个自然人股东及关联方持股比例不得超过村镇银行股本总额的10%。最后，单一非银行金融机构或单一非金融机构企业法人及其关联方持股比例不得超过村镇银行股本总额的 10%。

第四，有符合任职资格条件的董事和高级管理人员。

第五，有具备相应专业知识和从业经验的工作人员。

第六，有必需的组织机构和管理制度。

第七，有符合要求的营业场所、安全防范措施和与业务有关的其他设施。

第八，中国银行业监督管理委员会规定的其他审慎性条件。

四 村镇银行的业务范围

在银监会印发的《村镇银行管理暂行规定》又对村镇银行的业务范围做了很明确的界定。村镇银行可经营的业务包括：①吸收公众存款；②发放短期、中期和长期贷款；③办理国内结算；④办理票据承兑与贴现；⑤从事同业拆借；⑥从事银行卡业务；⑦代理发行、代理兑付、承销政府债券；⑧代理收付款项及代理保险业务；⑨经银行业监督管理机构批准的其他业务。

在已经开业的村镇银行中，吸收公众存款和发放短期、中长期贷款是村镇银行的主要经营业务。在发起人的帮助下，一些村镇银行已经发行了银行卡，并且可以在发起行的 ATM 机上进行存取款操作。由于大多数的村镇银行还没有进入人民银行的大额支付系统、小额支付系统和支票影像系统，所以，村镇银行的国内结算业务的开展还不顺利。

《村镇银行管理暂行规定》要求："村镇银行发放贷款应坚持小额、分散的原则，提高贷款覆盖面，防止贷款过度集中。"村镇银行对同一借款人的贷款余额不得超过资本净额的 5%；对单一集团企业客户的授信余额不得超过资本净额的 10%。2010 年，银监会将村镇银行对同一借款人的贷款余额由不得超过资本净额 5% 调整为 10%，对单一集团企业客户的授信余额由不得超过资本净额的 10% 调整为 15%。这样，就从单笔贷款的规模上限定了村镇银行的贷款范围，鼓励和约束村镇银行走低端市场，多给农户发放小额贷款。2010 年 4 月 20 日，银监会发出的《关于加快发展新型农村金融机构有关事宜的通知》（银监发〔2010〕27号）指出，为解决村镇银行资本额度小、贷款集中度比例偏低、不能有效地满足中小企业信贷需求问题，将村镇银行对同一借款人的贷款余额由不得超过资本净额的5%调整为10%，对单一集团企业，客户的授信余额由不得超过资本净额的10%调整为15%。

《村镇银行管理暂行规定》明确提出，村镇银行发放贷款应首先充分满足县域内农户、农业和农村经济发展的需要。已满足当地农村资金需求的，其富余资金可投放当地其他产业，购买涉农债券或向其他金融机构融资。满足县域内农户、农业和农村经济发展的需要是村镇银行存在的重要理由，村镇银行必须在农村金融市场中掌握服务"三农"的本领。

五　可持续发展的含义

1972年5月16日，联合国在瑞典首都斯德哥尔摩举行人类环境会议，来自113个国家的1300多名代表共同讨论当代环境问题，探讨保护全球环境战略。会议通过了《联合国人类环境会议宣言》（以下简称《人类环境宣言》），这是人类对于环境与发展里程碑的反思，可以说是可持续发展的最早萌芽。《人类环境宣言》已经提出了"只有一个地球"的口号，要求人类采取大规模的行动，保护环境、保护地球；地球既是现代人类的生存家园，也是我们子孙后代的生活乐园。《人类环境宣言》已经闪烁着可持续发展的思想火花，提出了社会经济发展与生态环境保护相协调的理念。

可持续发展的概念是20世纪80年代从生态学中引用过来的，在国际文件中最早出自1980年国际自然保护同盟颁布的《世界自然保护大纲》。此后，虽然不同专家学者分别从各自学科的角度来定义可持续发展，导致了一些不同的认识和理解，但目前得到国际社会广泛接受和认可的关于可持续发展的定义是世界环境与发展委员会（WCED）于1987年在《我们共同的未来》报告中阐述的，并在1992年6月联合国"环境与发展"大会所通过的《全球21世纪议程》中成为共识并得到强化，更注重了将可持续发展的理念规划成为具体的行动方案，WCED 在报告中把"可持续发展"定义为能满足当代的需要，同时不损及未来世代满足其需要之发展（WCED，1987）。其中有两个要点：一是要发展，二是要有限度，不能损害子孙的发展。可见，可持续发展是一个复合系统，它必须是经济、社会、人口、资源和环境等各方面的协调发展。

自联合国环境与发展组织首次提出可持续发展概念后，作为一种新的发展观，可持续发展引起了国际社会的普遍关注，各国学术界，从不同的角度对其进行了研究，可持续发展的内涵极为丰富，其核心是正确处理人与人之间、人与自然之间的关系，但是，由于不同的研究者对其理解不同，强调的侧重点不同，有的侧重于自然属性，有的侧重于经济属性，有的侧重于社会属性，有的侧重于科技属性，有的侧重于综合定义。一般认为，可持续发展理念无论应用于何种领域，对其定义时应揭示如下五个方面的本质特征。

（1）进步性。可持续发展必须是进步的。只有进步的发展，才能消除贫困，提高生活水平，才能为解决生态危机供应资金、技术等物质基础，才能最终打破贫困加剧与环境破坏的恶性循环。人类社会发展的止步或退步是绝对不可取的。

（2）和谐性。可持续发展的和谐性体现在四个层面：一是人与自然和谐。首先要确立人与自然共存共生的生态关系，人类对自然的索取，需要按照生态规律有所节制，人类社会的发展要与生态系统的涵容能力相适应。二是个人身心和谐。这要求个人的生理与心理、机体与精神、主观与客观必须协调发展。三是人与人和谐。提倡拉近人际距离，崇尚亲情与爱意、理解与信赖、交往与关怀。反对功利化、经济化与商品化的人际异化，要以诚信与爱心为基础，构筑和谐的人际关系。四是人与社会和谐。强调人与社会的互动关系，人应促进社会的健康、和谐与稳定；社会应促进人自由全面地发展。

（3）公正性。公正本是指处理事情不偏袒哪一方面，合情合理。也更多意味着权利与责任义务的对称，其可以从两个层次来理解。第一个层次，人与自然之间要公正。非人类存在也是物竞天择的结果，具有系统价值，人应该尊重维护它们，给非人类存在合理的地位，善待人类外的自然事物。第二个层次，人际要公正。从两个方面理解：一是代际公正。强调当代人的发展、消费不应损害后代人发展的能力，应留给后代人同等的发展机会。二是代内公正。是指同一代内，一些人的发展不应损坏其他人的利益。

（4）人本性。人本是指将人作为根本，或称以人为本。可持续发展的着眼点是对自然环境的呵护，而又同等地甚至更加关怀人能生存得越来越好。可持续发展如不能促进人自由全面地发展，那就没有任何意义。可持续发展的受益者和践行者都是人，"一切为了人，一切依靠人"。

（5）协同性。"协"意为协调，各方配合得适当，强调互相之间的均衡、适应、融合与促进。"同"应有两层含义：一是共同，可持续发展的协调范围要涵盖全球各国、各地区，且要兼顾后代的发展。二是全面，可持续发展的生态环境保护、自然资源利用、经济、政治、文化、科技、法律、制度、人口、教育与道德等各方面、各领域、各层次，这些方面都在可持续发展整合协调范围中。可持续发展寻求的正是"经济一定要发展、社会一定要公正、生态一定要平衡"的发展道路。

六　金融可持续发展

白钦先（2001）首次将可持续发展和金融相结合，提出金融可持续发展理论。他认为，金融作为一种社会资源，金融发展是现代社会发展不可或缺的关键。金融资源和其他自然资源不同，金融资源具有特殊性，具体表现为金融资源不仅是资源配置的对象，又可以充当配置其他社会资源的工具。按照白钦先的金融可持续发展理论，金融资源在整个社会资源中分为三个层次：第一，最基础性的资本和货币；第二，主要是金融机构和金融工具；第三，最顶层的金融资源，即金融制度。金融可持续发展理论强调金融发展和经济发展相辅相成、互不分离。金融发展理论指出，追求利润最大化的金融机构，要注重金融发展和经济效益的协调统一。不仅要注重量性金融发展，还应当注重质性金融发展，量性金融发展和质性金融发展两者相互促进，又相互转化，金融可持续发展要注重量性金融发展和质性金融发展的统一。

七 村镇银行可持续发展的内涵与要素

经济系统是可持续发展复合系统中三大系统之一，金融是现代经济的核心组成部分，在经济全球化、经济金融化、金融全球化和金融自由化不断加快、加深的背景下，金融可持续发展是经济可持续发展的必然要求，对整个可持续发展复合系统必将发挥重要的作用。

（一）村镇银行可持续发展的内涵

1991年联合国粮农组织在荷兰召开的国际农业与环境会议，通过了著名的《关于农业和农村发展的登博斯宣言和行动纲要》（以下简称《登博斯宣言》），提出了比较权威的"持续农业"定义：持续农业是"采取某种管理和保护自然资源基础的方式，以及实行技术变革和体制性改革，以确保当代人及后代对农产品的需求得到满足，这种持久的发展（包括农业、林业和渔业），能维护土地、水、动植物遗传资源，并不能造成环境退化；同时，这种发展在技术上是适当的，在经济上能维持下去的，并能够为社会接受的"。这一定义比较全面地概括了持续农业的本质。"采取某种管理和保护自然资源基础的方式"和"实行技术变革和体制性改革"指明了持续农业的基本途径；"能够维护土地、水、动植物遗传资源"和"不能造成环境退化"是持续农业的基本特征；"技术上适当、经济上可行、社会可接受"则是持续农业的基本要求。可见，《登博斯宣言》阐明了农业、农村可持续发展的理念，即在不损害后代利益的前提下，保证当代人对农产品的需求，维持资源的供需平衡和环境的良性循环，其核心是科学化，方式是产业化，过程是生态化，结果是价值最大化。

随着可持续发展观点的提出，人们对可持续发展问题越来越关注，而且从环境领域渗透到其他各个领域，不断充实完善。2001年，白钦先提出了金融可持续发展理论，该理论的核心就是金融资源学说，即金融是一种资源。不过，与自然资源相比，金融资源是具有"战略性、脆弱性、中间性、社会性和层次性"的特殊资源。金融资源的特殊性主要体现在金融既是资源配置的对象，又是配置其他资源的方式或手段。

金融可持续发展理论认为，金融效率是静态效率和动态效率的统一，强调金融发展和经济增长的协调发展，即金融发展既不超前于经济发展，又不滞后于经济发展。金融可持续发展观启示我们，对于经营货币资本并以盈利为主要目标的金融机构，它们的可持续发展要尤其注重量性金融发展和质性金融发展、业务规模和效益的统一与协调。量性金融发展是质性金融发展的基础，而质性金融发展又能促使进一步的量性金融发展，两者相辅相成。如果业务的扩张速度和利润增长速度同步或者接近，则规模和效益相适应，量性金融和质性金融相统一。

根据金融可持续发展的定义，所谓村镇银行的可持续发展，是指村镇银行不仅要在当前追求自我生存、打开农村金融市场的状态下，也要在未来扎根农村金融市场、获得永续发展的过程中，充分开发合理利用一切资源，在坚定自身服务"三农"、服务中"小"的定位基础上，实现利润最大化，不断提高自身盈利能力和机构在市场中的份额。村镇银行能否实现可持续发展，不仅影响到农村金融体制改革的整体架构和新型农村金融机构的发展状况，而且事关农村金融体系的稳定和我国城镇化进程。因此，应该把坚持"可持续"作为村镇银行发展的战略目标。

本书所研究的村镇银行可持续发展，主要包括以下四方面的内容：

(1) 市场可持续性。市场可持续性是村镇银行可持续发展的基础。农村金融市场中的金融需求为村镇银行开展业务提供了服务对象。只有农村金融需求与村镇银行的市场定位相匹配，村镇银行才能扎根农村金融市场。

(2) 财务可持续性,即合理地配置村镇银行的资金、信贷、人力、机构,实现良性循环和有序利用,这是维持可持续性的重要前提之一,是村镇银行可持续发展的根基。如果村镇银行自身都生存不了,就谈不上可持续发展问题。财务可持续发展主要从经营绩效、业务开展、客户、员工、风险控制、支农效果等方面衡量其可持续发展能力。

(3) 人力资源可持续性,人力资源对于一个机构的生存和发展起到了至关重要的作用,它的可持续性为机构提供了永续发展的动力。但是,村镇银行的人力资源与城市金融机构的人力资源不同,它更注重人力资源在当地熟人社会中对信息的掌握程度,而专业技能则次之。

(4) 金融制度可持续性。金融制度为村镇银行的可持续发展提供了外部环境,环境可持续是村镇银行可持续发展的必要条件和重要保障。构建良好的外部环境,形成配套的政策扶持体系、信用体系、担保体系、监管体系、法律体系是村镇银行可持续发展的必要支撑。

(二) 村镇银行可持续发展的要素

村镇银行可持续发展是对传统粗放式发展模式进行深刻反思的成果,尽管目前国内外对村镇银行可持续发展的研究还处于早期阶段,尚未有确切、权威的定义,但是,我们认为,村镇银行可持续发展至少应包括以下六个要素。

1. 发展

发展始终是可持续发展的核心,失去了发展,一切将无从谈起。科学发展是硬道理,是第一要务,只有发展,才能解决前进中的一切问题,才能巩固和强化应有的市场地位,才能让广大员工更好地享受利益成果。失去发展,银行可持续发展也就无从谈起。但这种发展绝不同于单纯的"速度型"增长模式,更不是大起大落的发展,需要遵循村镇银行自身发展的客观规律,适应经济社会发展环境的不断变化,具有健全的经营管理体制、内部运行机制,具有较强的盈利能力、风险控制能力和创新能力,具有良好的企业文化和金融服务水平,而且人力、财力、物力等各类资源都能得到合理有效的配置和利用,从而实现全面、协调、稳定、可持续的发展。

2. 结构

结构是可持续发展的重点。村镇银行可持续发展的内在要求是经营结构的调整和优化。比如,在业务结构上,由以批发业务为主向批发与零售业务并重转变,由单一传统的存款、贷款、汇款业务向投资银行、基金、租赁、保险等新兴业务和综合经营扩展。在客户结构上,要预防"垒大户"现象,逐步形成均衡良好的客户结构。在资产结构上,以经济资本为导向配置风险资产,尽可能降低贷款风险权重,大力拓展轻型资本业务。在负债结构上,实施主动负债管理,全力争揽低成本核心存款业务。在收入结构上,由以利差收入为主向利差与非利息收入协调发展转变。

3. 效益

效益是可持续发展的目标,也是村镇银行生存发展的保证。村镇银行可持续发展的最终目标是要实现可持续的盈利增长,因此,要坚持以效益为中心,真正将效益观念贯穿于经营管理的全过程。一切经营活动都要围绕效益展开,在资源有限的情况下,积极增加高效业务,尽量减少低效业务,严格限制无效业务。要围绕"提质增效"的目标,一方面,通过优化结构,加强管理,挖掘效益增长的空间,使发展经得起市场和时间的检验,从而获得较高的风险回报;另一方面,大力倡导厉行节约、勤俭办行,通过降低成本增加银行效益。与此同时,在经营管理实践中,既要考虑短期利益,又要追求长远利益;既要获取自身效益,也要注重社会效益;实现短期和长期、自身和社会效益的有机统一。

4. 创新

加快提高金融创新能力,更快更好地满足客户需求,是村镇银行加快发展、保持市场竞争力的关键。面对日益复杂的宏观经济金融环境和日趋激烈的农村金融市场竞争格局，村镇银行要实现可持续发展，就必须加快金融创新步伐，提高金融创新能力，增强自身核心竞争力。要确立以客户为中心的创新理念，不断满足、培育和挖掘客户的金融需求，要加强创新的统一组织和规划，提高创新效率；要建立科学的创新跟踪分析机制，及时掌握创新的最新动态，学习借鉴国内外同业的创新成果；要在推进产品创新的同时，致力于管理和技术创新。从逻辑关系上讲，管理创新是产品创新的保障，技术创新是产品创新的支撑。

5. 规范

规范是可持续发展的前提。村镇银行的经营活动必须与法律、规则和准则相一致，遵循与银行经营业务相关的法律、规则及标准。银行风险具有客观性、隐蔽性、持久性和关联性特征。控制好风险是银行可持续发展的生命线。因此，要将风险管理渗透到各项业务之中，渗透到各个层面、环节和领域，将各种风险控制在可承受范围内，确保发展质量；要动态抓好政策规章、操作规程、业务流程等管理制度的建立和完善，不断健全内部控制和约束机制，使一切业务和管理活动开展都有章可循；要注重合规文化建设，真正让合规成为银行员工的行为标准。

6. 责任

村镇银行应秉持风险管理底线，审慎经营，通过负责任的经营行为和金融资源的合理配置，防范环境与社会风险，保证农村金融安全，推动农村社会可持续发展。村镇银行履行社会责任的途径主要有两条：一是以优质的银行服务履行社会责任；二是灵活运用信贷杠杆实现社会责任。村镇银行通过不断改进服务，推动金融创新，为客户提供有价值的金融产品，帮助客户适时抓住商机，创造价值。同时，不断提高金融服务的可获得性，保护金融消费者的利益。

总之，村镇银行的可持续发展要求，必须做到规模、速度和效益的协调统一，明确服务农业的市场定位，妥善处理好眼前利益和长远利益的关系。

(三) 村镇银行可持续发展应遵循的原则

1. 量的增长与质的提高相结合

为了真正实现可持续发展的目标，村镇银行必须做到量的增长与质的提高有机结合，两个方面缺一不可，相辅相成，相互促进。量的增长是质的提高的前提和基础，质的提高为量的增长提供保证和优化。企业"大"不等于企业就"强"。企业"强"不等于企业"大"。发展首先表现为量的增长，也就是说，银行规模上的不断扩大，对村镇银行来说，是指资产数量的不断增加、金融产品的不断创新发展等；质的提高是指在发展质量上的演进、提升，是企业能力的增强，与量的增长相比，具有更丰富、更深刻的内涵。就村镇银行而言，主要包括经营发展稳定、风险防范强而有力、内外环境和谐有序、服务效率不断提升、资源配置效率日益提高、资产可替代性加强、市场范围更加广阔、对经济的渗透加深和贡献度提高等。因此，村镇银行要实现可持续发展，必须要走质量效应型的发展之路，协调好做大与做强、速度与效率间的矛盾关系，在保持适当的发展速度时，要注重内在质量和经营效益的提高，增强发展的理性。坚决反对各种不顾风险、不计成本的非理性竞争。

2. 加快发展与防范风险并重

企业可持续发展包括两层含义：一是指谋求企业发展而不是维持生存；二是要求企业决策者处理好眼前利益与未来发展的辩证关系。就村镇银行而言，要做到这两点，关键是如何正确处理加快发展与防范风险的关系。作为金融企业，在资金运用上要力求安全性、流动性和效益性的统一，保证资金安全是前提，但是，为了追求百分之百的安全，而放弃有利可图的机会也是不可取的。所以，加快发展始终是目的，而防范风险只是为这个目的服务的必要手段。

村镇银行要实现可持续发展，必须坚持加快发展与防范风险的统一，使发展建立在有效防范风险基础之上。

一是必须以加快发展、实现可持续发展作为根本出发点。目前，村镇银行金融总量小，市场份额少，抗风险能力弱，因此，加快有效发展，增强金融实力，提升竞争优势，始终是村镇银行最紧迫、最重要的任务。

二是必须始终坚持以创新作为发展的动力。村镇银行必须顺应市场经济发展的大势，遵循金融机构自身的成长规律，全面创新管理理念，创新经营机制，创新管理方法，以机制创新带动业务创新和手段创新，把人的积极性激发出来，不断增强核心竞争力，最终实现自身的可持续发展。

三是必须把控制和防范系统性风险作为加快发展的关键环节。金融风险相伴于金融活动，在加快发展的同时，防范风险尤其重要，没有有力的风险防范措施，发展的成果可能会化为乌有。为此，必须牢固树立理性、稳健和审慎的风险管控理念，将业务发展和内部控制管理、风险防范紧密结合起来，使发展的速度与资金实力、资本实力及风险控制能力相适应，使发展速度与管理水平同步提高。

3. 经济效益与社会效益相统一

可持续发展理论提示：任何一个企业，都不能仅仅追求自身经济效益，而忽视对社会的贡献或维护。村镇银行作为农村金融后起的金融主力军，要实现可持续发展，必须兼顾经济效益与社会效益，使两者协调统一，不断探索综合价值最大化的发展模式。一方面，要坚持商业化经营，追求股东和社员等利益相关者价值的最大化，在稳健经营中，实现业务发展，在业务发展中，提高自身经济效益。另一方面，村镇银行在追求自身经济效益过程中，必须兼顾社会效益，切实维护金融稳定，维护服务对象的利益，支持地方经济发展，使提高自身效益与实现社会效益有机统一起来，这也是村镇银行作为地方金融企业必须承担的责任和义务。

第三章 村镇银行的顶层制度设计与配套政策

第一节 村镇银行制度与政策创新

我国村镇银行制度与政策创新主要包括三个层面：以"中央一号文件"为代表的国家层面的制度创新；以中国银行业监督管理委员会、财政部和农业部为代表的第二个层面的政策创新；第三个层面是各地方政府的相关部门的政策创新。

"中央一号文件"是村镇银行创新的制度总框架。"中央一号文件"是指中共中央每年发布的第一份文件。现在已经成为中共中央重视农村问题的专有名词。回归历年关注"三农"的"中央一号文件"，大致可以分为两个阶段：第一阶段（1982—1986年）的"中央一号文件"主要关注农村联产承包责任制问题，确定农村经济发展的基础。第二阶段（2004—2016年）的"中央一号文件"更加全面系统地阐述"三农"问题，重点转向新型农村经济组织以及"三农"金融的问题。

一 夯实基础，稳定农村经济发展的基础

第一阶段，中共中央在1982—1986年连续五年发布以农业、农村和农民为主题的"中央一号文件"，对农村改革和农业发展做出具体部署。

1982年1月1日，中共中央发出第一个关于"三农"问题的

"中央一号文件",对迅速展开的农村改革进行了总结。文件明确指出,包产到户、包干到户或大包干都是社会主义生产责任制。同时还说明,它不同于合作化以前的小私有的个体经济,而是社会主义农业经济的组成部分。1983年1月,第二个"中央一号文件"《当前农村经济政策的若干问题》正式颁布。从理论上说明了家庭联产承包责任制是在党的领导下中国农民的伟大创造,是马克思主义农业合作化理论在我国实践中的新发展。1984年1月1日,中共中央发出《关于一九八四年农村工作的通知》,即第三个"中央一号文件"。文件强调要继续稳定和完善家庭联产承包责任制,规定土地承包期一般应在15年以上,生产周期长的和开发性的项目,承包期应当更长一些。1985年1月,中共中央、国务院发出《关于进一步活跃农村经济的十项政策》,即第四个"中央一号文件"。取消了30年来农副产品统购派购制度,对粮、棉等少数重要产品采取国家计划合同收购的新政策。1986年1月1日,中共中央、国务院下发了《关于一九八六年农村工作的部署》,即第五个"中央一号文件"。文件肯定了农村改革的方针政策是正确的,必须继续贯彻执行。

二 农民增收,农村发展,农业转型,金融先行

自第一个"中央一号文件"发出时隔18年,中共中央总书记胡锦涛于2003年12月30日签署《中共中央、国务院关于促进农民增加收入若干政策的意见》(中发〔2004〕1号)。2004—2016年又连续13年发布以"三农"(农业、农村、农民)为主题的"中央一号文件",强调了"三农"问题在中国社会主义现代化时期"重中之重"的地位。

第二阶段,中共中央发布的"中央一号文件",开始关注农村金融改革问题(2011年"中央一号文件"关注水利建设除外)。这是实现农村经济转型的必然举措,是农村经济发展的客观规律。

2004年的"中央一号文件"《中共中央、国务院关于促进农民增加收入若干政策的意见》第十九条提出了"改革和创新农村金融

体制",其主要内容是:"要从农村实际和农民需要出发,按照有利于增加农户和企业贷款,有利于改善农村金融服务的要求,加快改革和创新农村金融体制。建立金融机构对农村社区服务的机制,明确县域内各金融机构为'三农'服务的义务。扩大农村贷款利率浮动幅度。进一步完善邮政储蓄的有关政策,加大农村信用社改革的力度,缓解农村资金外流。农业银行等商业银行要创新金融产品和服务方式,拓宽信贷资金支农渠道。农业发展银行等政策性银行要调整职能,合理分工,扩大对农业、农村的服务范围。要总结农村信用社改革试点经验,创造条件,在全国逐步推开。继续扩大农户小额信用贷款和农户联保贷款。鼓励有条件的地方,在严格监管、有效防范金融风险的前提下,通过吸引社会资本和外资,积极兴办直接为'三农'服务的多种所有制的金融组织。有关部门要针对农户和农村中小企业的实际情况,研究提出多种担保办法,探索实行动产抵押、仓单质押、权益质押等担保形式。鼓励政府出资的各类信用担保机构,积极拓展符合农村特点的担保业务,有条件的地方可设立农业担保机构,鼓励现有商业性担保机构开展农村担保业务。加快建立政策性农业保险制度,选择部分产品和部分地区率先试点,有条件的地方可以对参保种植业及养殖业的农户给予一定的保费补贴。"

上述这段话标志着:21世纪以来,中国农村金融改革序幕正式拉开,也为新型农村金融机构的建立奠定了制度基础。如2004年的"中央一号文件"提出:"鼓励有条件的地方,在严格监管、有效防范金融风险的前提下,通过吸引社会资本和外资,积极兴办直接为'三农'服务的多种所有制的金融组织。"这标志着我国新型农村金融机构创新的制度框架正式确定。

2005年的"中央一号文件"《中共中央、国务院关于进一步加强农村工作提高农业综合生产能力若干政策的意见》(2004年12月31日)第二十三条提出:"推进农村金融改革和创新"的内容是:"要针对农村金融需求的特点,加快构建功能完善、分工合理、产权明晰、监管有力的农村金融体系。抓紧研究制定农村金融总体改革方案。继续深化农村信用社改革，要在完善治理结构、强化约束机制、增强支农服务能力等方面取得成效，进一步发挥其农村金融的主力军作用。抓紧制定县域内各金融机构承担支持'三农'义务的政策措施，明确金融机构在县及县以下机构、网点新增存款用于支持当地农业和农村经济发展的比例。采取有效办法，引导县及县以下吸收的邮政储蓄资金回流农村。加大政策性金融支农力度，增加支持农业和农村发展的中长期贷款，在完善运行机制基础上，强化农业发展银行的支农作用，拓宽业务范围。农业银行要继续发挥支持农业、服务农村的作用。培育竞争性的农村金融市场，有关部门要抓紧制定农村新办多种所有制金融机构的准入条件和监管办法，在有效防范金融风险的前提下，尽快启动试点工作。有条件的地方，可以探索建立更加贴近农民和农村需要、由自然人或企业发起的小额信贷组织。加快落实对农户和农村中小企业实行多种抵押担保形式的有关规定。扩大农业政策性保险的试点范围，鼓励商业性保险机构开展农业保险业务。"

上述文件精神明确要求加快包括村镇银行的新型农村金融机构的试点工作，并且要求有条件的地方加快小额信贷组织的建立，如"培育竞争性的农村金融市场，有关部门要抓紧制定农村兴办多种所有制金融机构的准入条件和监管办法，在有效防范金融风险的前提下，尽快启动试点工作。有条件的地方可以探索建立更加贴近农民和农村需要、由自然人或企业发起的小额信贷组织"。可见，小额信贷组织成为"中央一号文件"中最早提出的新型农村金融机构组织形式。

2006年的"中央一号文件"《中共中央、国务院关于推进社会主义新农村建设的若干意见》（2005年12月31日）第六条"全面深化农村改革，健全社会主义新农村建设的体制保障"以及第二十五条"加快推进农村金融改革"的内容是"巩固和发展农村信用社改革试点成果，进一步完善治理结构和运行机制。县域内各金融机构在保证资金安全的前提下,将一定比例的新增存款投放当地,支持农业和农村经济发展,有关部门要抓紧制定管理办法。扩大邮政储蓄资金的自主运用范围,引导邮政储蓄资金返还农村。调整农业发展银行职能定位,拓宽业务范围和资金来源。国家开发银行要支持农村基础设施建设和农业资源开发。继续发挥农业银行支持农业和农村经济发展的作用。在保证资本金充足、严格金融监管和建立合理有效的退出机制的前提下,鼓励在县域内设立多种所有制的社区金融机构,允许私有资本、外资等参股。大力培育由自然人、企业法人或社团法人发起的小额贷款组织,有关部门要抓紧制定管理办法,引导农户发展资金互助组织。规范民间借贷。稳步推进农业政策性保险试点工作,加快发展多种形式、多种渠道的农业保险。各地可通过建立担保基金或担保机构等办法,解决农户和农村中小企业贷款抵押担保难问题,有条件的地方政府可给予适当扶持"。

上述文件从三个层面,为包括村镇银行在内三类不同的新型农村金融机构建立奠定了制度保障。一是为村镇银行的建立进行了制度创新,如"在保证资本金充足、严格金融监管和建立合理有效的退出机制的前提下,鼓励在县域内设立多种所有制的社区金融机构,允许私有资本、外资等参股"。二是为农村资金互助组织的建立创造条件,如"引导农户发展资金互助组织"。三是明确小额贷款组织的发展方向,并要求加快培育发展,如"大力培育由自然人、企业法人或社团法人发起的小额贷款组织,有关部门要抓紧制定管理办法"。

2007年的"中央一号文件"《中共中央、国务院关于积极发展现代农业扎实推进社会主义新农村建设的若干意见》(2007年1月)第一项"加大对'三农'的投入力度,建立促进现代农业建设的投入保障机制"。第一条"大幅度增加对'三农'的投入"的内容是:"各级政府要切实把基础设施建设和社会事业发展的重点转向农村,国家财政新增教育、卫生、文化等事业经费和固定资产投资增量主要用于农村,逐步加大政府土地出让收入用于农村的比重。要建立'三农'投入稳定增长机制,积极调整财政支出结构、固定资产投资结构和信贷投放结构,中央和县级以上地方财政每年对农业总投入的增长幅度应当高于其财政经常性收入的增长幅度,尽快形成新农村建设稳定的资金来源。2007年,财政支农投入的增量要继续高于上年,国家固定资产投资用于农村的增量要继续高于上年,土地出让收入用于农村建设的增量要继续高于上年。建设用地税费提高后新增收入主要用于'三农'。加快制定农村金融整体改革方案,努力形成商业金融、合作金融、政策性金融和小额贷款组织互为补充、功能齐备的农村金融体系,探索建立多种形式的担保机制,引导金融机构增加对'三农'的信贷投放。加大支农资金整合力度,抓紧建立支农投资规划、计划衔接和部门信息沟通工作机制,完善投入管理办法,集中用于重点地区、重点项目,提高支农资金使用效益。要注重发挥政府资金的带动作用,引导农民和社会各方面资金投入农村建设。加快农业投入立法进程,加强执法检查"。

2007年的"中央一号文件"重点强调了农村金融改革的总体方案和思路,明确了新型农村金融机构的补充地位,为新型农村金融机构的创新和成长奠定了基础,如"加快制定农村金融整体改革方案,努力形成商业金融、合作金融、政策性金融和小额贷款组织互为补充、功能齐备的农村金融体系,探索建立多种形式的担保机制,引导金融机构增加对'三农'的信贷投放"。

2008年中央格外关注"三农"问题,先后出台两个重要文件:2008年"中央一号文件"《中共中央、国务院关于切实加强农业基础建设,进一步促进农业发展农民增收的若干意见》和《中共中央关于推进农村改革发展若干重大问题的决定》(2008年10月12日,中国共产党第十七届中央委员会第三次全体会议通过)。

2008年的"中央一号文件"第六项"稳定完善农村基本经营制度和深化农村改革"之第五条"加快农村金融体制改革和创新"的内容是:"加快推进调整放宽农村地区银行业金融机构准入政策

试点工作。加大农业发展银行支持'三农'的力度。推进农业银行改革。继续深化农村信用社改革，加大支持力度，完善治理结构，维护和保持县级联社的独立法人地位。邮政储蓄银行要通过多种方式积极扩大涉农业务范围。积极培育小额信贷组织，鼓励发展信用贷款和联保贷款。通过批发或转贷等方式，解决部分农村信用社及新型农村金融机构资金来源不足的问题。加快落实县域内银行业金融机构将一定比例新增存款投放当地的政策。推进农村担保方式创新，扩大有效抵押品范围，探索建立政府支持、企业和银行多方参与的农村信贷担保机制。制定符合农村信贷业务特点的监管制度。加强财税、货币政策的协调和支持，引导各类金融机构到农村开展业务。完善政策性农业保险经营机制和发展模式。建立健全农业再保险体系，逐步形成农业巨灾风险转移分担机制"。

2008年10月9日发布的《中共中央关于推进农村改革发展若干重大问题的决定》第三条第四款"建立现代农村金融制度"的内容是："农村金融是现代农村经济的核心。创新农村金融体制，放宽农村金融准入政策，加快建立商业性金融、合作性金融、政策性金融相结合，资本充足、功能健全、服务完善、运行安全的农村金融体系。加大对农村金融政策支持力度，拓宽融资渠道，综合运用财税杠杆和货币政策工具，定向实行税收减免和费用补贴，引导更多信贷资金和社会资金投向农村。各类金融机构都要积极支持农村改革发展。坚持农业银行为农服务的方向，强化职能、落实责任，稳定和发展农村服务网络。拓展农业发展银行支农领域，加大政策性金融对农业开发和农村基础设施建设中长期信贷支持。扩大邮政储蓄银行涉农业务范围。县域内银行业金融机构新吸收的存款，主要用于当地发放贷款。改善农村信用社法人治理结构，保持县（市）社法人地位稳定，发挥为农民服务主力军的作用。规范发展多种形式的新型农村金融机构和以服务农村为主的地区性中小银行。加强监管，大力发展小额信贷，鼓励发展适合农村特点和需要的各种微型金融服务。允许农村小型金融组织从金融机构融入资金，允许有条件的农民专业合作社开展信用合作，规范和引导民间借贷健康发展，加快农村信用体系建设，建立政府扶持、多方参与、市场运作的农村信贷担保机制。扩大农村有效担保物范围。发展农村保险事业，健全政策性农业保险制度，加快建立农业再保险和巨灾风险分散机制，加强农产品期货市场建设"。

2008年中央发布的关于"三农"问题的上述两个文件的制度创新亮点主要有六个方面：一是再次强调小额贷款组织的培育发展，并为解决新型农村金融机构资金缺口提出了融资依据，如"积极培育小额信贷组织，鼓励发展信用贷款和联保贷款。通过批发或转贷等方式，解决部分农村信用社及新型农村金融机构资金来源不足的问题"。二是明确新型农村金融机构功能定位及发展空间，如"创新农村金融体制，放宽农村金融准入政策，加快建立商业性金融、合作性金融、政策性金融相结合，资本充足、功能健全、服务完善、运行安全的农村金融体系"。三是为新型农村金融机构组织形式多元化奠定了基础，如"规范发展多种形式的新型农村金融机构"等。四是明确新型农村金融机构的发展方向，如"大力发展小额信贷，鼓励发展适合农村特点和需要的各种微型金融服务"。五是再次强调新型农村金融机构的融资问题，如"允许农村小型金融组织从金融机构融入资金"。六是首次提出允许农民专业合作社开展资金互助业务，如"允许有条件的农民专业合作社开展信用合作"。

2009年的"中央一号文件"《中共中央、国务院关于促进农业稳定发展农民持续增收的若干意见》（2008年12月31日）第一项"加大对农业的支持保护力度"之第四条"增强农村金融服务能力"的内容是："抓紧制定鼓励县域内银行业金融机构新吸收的存款主要用于当地发放贷款的实施办法，建立独立考核机制。在加强监管、防范风险的前提下，加快发展多种形式新型农村金融组织和以服务农村为主的地区性中小银行。鼓励和支持金融机构创新农村金融产品和金融服务，大力发展小额信贷和微型金融服务，农村微小型金融组织可通过多种方式从金融机构融入资金。积极扩大农村消费信贷市场。依法开展权属清晰、风险可控的大型农用生产设备、林权、四荒地使用权等抵押贷款和应收账款、仓单、可转让股权、专利权、商标专用权等权利质押贷款。抓紧出台对涉农贷款定向实行税收减免和费用补贴、政策性金融对农业中长期信贷支持、农民专业合作社开展信用合作试点的具体办法。放宽金融机构对涉农贷款的呆账核销条件。加快发展政策性农业保险，扩大试点范围、增加险种，加大中央财政对中西部地区保费补贴力度，加快建立农业再保险体系和财政支持的巨灾风险分散机制，鼓励在农村发展互助合作保险和商业保险业务。探索建立农村信贷与农业保险相结合的银保互动机制"。

2009年的"中央一号文件"对新型农村金融机构发展重点强调了三点：一是服务"三农"微型金融机构产品和业务创新问题以及融资方式，如"大力发展小额信贷和微型金融服务，农村微小型金融组织可通过多种方式从金融机构融入资金"。二是对新型农村金融机构采取财政政策和税收政策的支持，如"抓紧出台对涉农贷款定向实行税收减免和费用补贴、政策性金融对农业中长期信贷支持"。三是要求抓紧制定"农民专业合作社开展信用合作试点的具体办法"，这说明农民专业合作社开展信用合作有了制度保障。

2010年的"中央一号文件"《中共中央、国务院关于加大统筹城乡发展力度，进一步夯实农业农村发展基础的若干意见》（2009年12月31日）第一项"健全强农惠农政策体系，推动资源要素向农村配置"第三条"提高农村金融服务质量和水平"的内容是："加强财税政策与农村金融政策的有效衔接，引导更多信贷资金投向'三农'，切实解决农村融资难问题。落实和完善涉农贷款税收优惠、定向费用补贴、增量奖励等政策。进一步完善县域内银行业金融机构新吸收存款主要用于当地发放贷款政策。加大政策性金融对农村改革发展重点领域和薄弱环节支持力度，拓展农业发展银行支农领域，大力开展农业开发和农村基础设施建设中长期政策性信贷业务。农业银行、农村信用社、邮政储蓄银行等金融机构都要进一步增加涉农信贷投放。积极推广农村小额信用贷款。加快培育村镇银行、贷款公司、农村资金互助社，有序发展小额贷款组织，引导社会资金投资设立适应'三农'需要的各类新型金融组织。抓紧制定对偏远地区新设农村金融机构费用补贴等办法，确保三年内消除基础金融服务空白乡镇。针对农业农村特点，创新金融产品和服务方式，搞好农村信用环境建设，加强和改进农村金融监管。建立农业产业发展基金。积极扩大农业保险保费补贴的品种和区域覆盖范围，加大中央财政对中西部地区保费补贴力度。鼓励各地对特色农业、农房等保险进行保费补贴。发展农村小额保险。健全农业再保险体系，建立财政支持的巨灾风险分散机制。支持符合条件的涉农企业上市"。

2010 年"中央一号文件"制度创新的最大亮点是：首先，明确提出了三类不同的新型农村金融机构组织的名称，如"加快培育村镇银行、贷款公司、农村资金互助社，有序发展小额贷款组织，引导社会资金投资设立适应'三农'需要的各类新型金融组织"。正式明确了新型农村金融机构的组织名称，为其规范发展奠定了重要基础。其次，其进一步强调了对新型农村金融机构的财税政策支持，如"落实和完善涉农贷款税收优惠、定向费用补贴、增量奖励等政策"。最后，要求新型农村金融机构和金融服务向偏僻地区延伸，向村屯下沉，如"抓紧制定对偏远地区新设农村金融机构费用补贴等办法，确保三年内消除基础金融服务空白乡镇"。

2012 年"中央一号文件"《中共中央、国务院关于加快推进农业科技创新，持续增强农产品供给保障能力的若干意见》第一项"加大投入强度和工作力度，持续推动农业稳定发展"之第四条"提升农村金融服务水平"的内容是："加大农村金融政策支持力度，持续增加农村信贷投入，确保银行业金融机构涉农贷款增速高于全部贷款平均增速。完善涉农贷款税收激励政策，健全金融机构县域金融服务考核评价办法，引导县域银行业金融机构强化农村信贷服务。大力推进农村信用体系建设，完善农户信用评价机制。深化农村信用社改革，稳定县（市）农村信用社法人地位。发展多元化农村金融机构，鼓励民间资本进入农村金融服务领域，支持商业银行到中西部地区县域设立村镇银行。有序发展农村资金互助组织，引导农民专业合作社开展信用合作。完善符合农村银行业金融机构和业务特点的差别化监管政策，适当提高涉农贷款风险容忍度，实行适度宽松的市场准入、弹性存贷比政策。继续发展农户小额信贷业务，加大对种养大户、农民专业合作社、县域小型微型企业的信贷投放力度。加大对科技型农村企业、科技特派员下乡创业的信贷支持力度，积极探索农业科技专利质押融资业务。支持农业发展银行加大对农业科技的贷款力度。鼓励符合条件的涉农企业开展直接融资，积极发展涉农金融租赁业务。扩大农业保险险种和覆盖面，开展设施农业保费补贴试点，扩大森林保险保费补贴试点范围，扶持发展渔业互助保险，鼓励地方开展优势农产品生产保险。健全农业再保险体系，逐步建立中央财政支持下的农业大灾风险转移分散机制"。

2012年的"中央一号文件"，首先，强调了对新型农村金融机构准入实行差别化政策，如"完善符合农村银行业金融机构和业务特点的差别化监管政策，适当提高涉农贷款风险容忍度，实行适度宽松的市场准入、弹性存贷比政策"。"发展多元化农村金融机构，鼓励民间资本进入农村金融服务领域，支持商业银行到中西部地区县域设立村镇银行"。其次，继续强调"有序发展农村资金互助组织"。再次，"引导农民专业合作社规范开展信用合作"。最后，"继续发展农户小额信贷业务，加大对种养大户、农民专业合作社、县域小型微型企业的信贷投放力度"。

2013年的"中央一号文件"《中共中央、国务院关于加快发展现代农业，进一步增强农村发展活力的若干意见》（2013年2月）第二项"健全农业支持保护制度，不断加大强农惠农富农政策力度"之第二条"改善农村金融服务"的内容是："加强国家对农村金融改革发展的扶持和引导，切实加大商业性金融支农力度，充分发挥政策性金融和合作性金融作用，确保持续加大涉农信贷投放。创新金融产品和服务，优先满足农户信贷需求，加大新型生产经营主体信贷支持力度。加强财税杠杆与金融政策的有效配合，落实县域金融机构涉农贷款增量奖励、农村金融机构定向费用补贴、农户贷款税收优惠、小额担保贷款贴息等政策。稳定县（市）农村信用社法人地位，继续深化农村信用社改革。探索农业银行服务'三农'新模式，强化农业发展银行政策性职能定位，鼓励国家开发银行推动现代农业和新农村建设。支持社会资本参与设立新型农村金融机构。改善农村支付服务条件，畅通支付结算渠道。加强涉农信贷与保险协作配合，创新符合农村特点的抵（质）押担保方式和融资工具，建立多层次、多形式的农业信用担保体系。扩大林权抵押贷款规模，完善林业贷款贴息政策。健全政策性农业保险制度，完善农业保险保费补贴政策，加大对中西部地区、生产大县农业保险保费补贴力度，适当提高部分险种的保费补贴比例。开展农作物种植业、渔业、农机、农房保险和重点国有林区森林保险保费补贴试点。推进建立财政支持的农业保险大灾风险分散机制。支持符合条件的农业产业化龙头企业和各类农业相关企业通过多层次资本市场筹集发展资金"。

2013年"中央一号文件"在制度上放宽了社会资本参与新型农村金融机构设立与经营业务的限制，如"支持社会资本参与设立新型农村金融机构"。同时，对新型农村金融机构财税政策支持力度加大，如"加强财税杠杆与金融政策的有效配合，落实县域金融机构涉农贷款增量奖励、农村金融机构定向费用补贴、农户贷款税收优惠、小额担保贷款贴息等政策"。

2014—2016年的"中央一号文件"，则连续三年将"农业现代化"写入文件标题。当前，我国农业面临千年未有之变局，迫切需要通过落实新理念，加快推进农业现代化，从根本上提升竞争力，破解农村农业发展面临的各种难题。

随着中央强农惠农富农政策不断完善，新农村建设发展势头良好。但是，不可否认的是，农村基础设施依然薄弱，如重建设，轻管护；农村基本公共服务难以适应当下农民需求，重硬件，轻软件；农村环境存在脏、乱、差现象，重眼前，轻规划；农村老龄化、空心化严重，推进市民化过程中，重"面子"轻"里子"。特别是农村仍存在大量贫困人口，亟待脱贫致富。对此，2016年"中央一号文件"提出，把国家财政支持的基础设施重点放在农村，建好、管好、护好、运营好农村基础设施，加快推动城镇公共服务向农村延伸，开展农村人居环境整治行动和美丽宜居乡村建设，推进农村劳动力就业创业和农民工市民化，实施脱贫攻坚工程，坚决打赢脱贫攻坚战。

第二节 银监会对村镇银行培育发展的政策创新

"中央一号文件"为包括村镇银行在内的新型农村金融机构的诞生建立了制度总框架，为相关部门制定新型农村金融机构的具体政策措施提供了重要的指导方针。围绕着以村镇银行为主的新型农村金融机构设立、管理、鼓励措施等方面，中国银监会、财政部和农业部单独或者联合制定了一系列政策措施，规范引导新型村镇银行的发展。

一 中国农村金融破题之年：新一轮农村金融改革启动

在2004年和2005年"中央一号文件"的指导下，2006年，银监会出台了《关于调整放宽农村地区银行业金融机构准入政策，更好支持社会主义新农村建设的若干意见》（银监发〔2006〕90号），意味着中国农村金融改革的序幕正式拉开。按照"先试点，后推开；先中西部，后内地；先努力解决服务空白问题，后解决竞争不充分问题"的原则和步骤，在总结经验的基础上，完善办法，稳步推开。首批试点选择在四川、青海、甘肃、内蒙古、吉林、湖北6个省份的农村地区开展。2007年，银监会又发布了《关于扩大调整放宽农村地区银行业金融机构准入政策试点工作的通知》（银监发〔2007〕78号），调整放宽农村地区银行业金融机构准入政策试点范围，由内蒙古、吉林、湖北、四川、甘肃、青海6个省份，扩大至全国31个省份的银行业金融机构网点覆盖率低、金融供给不足、竞争不充分的县（市）及县（市）以下地区。

上述若干意见指出："放开准入资本范围，积极支持和引导境内外银行资本、产业资本和民间资本到农村地区投资、收购、新设以下各类银行业金融机构：一是鼓励各类资本到农村地区新设主要为当地农户提供金融服务的村镇银行。二是农村地区的农民和农村小企业也可按照自愿原则，发起设立为入股社员服务、实行社员民主管理的社区性信用合作组织。三是鼓励境内商业银行和农村合作银行在农村地区设立专营贷款业务的全资子公司。四是支持各类资本参股、收购、重组现有农村地区银行业金融机构，也可将管理相对规范、业务量较大的信用代办站改造为银行业金融机构。五是支持专业经验丰富、经营业绩良好、内部控制管理能力强的商业银行和农村合作银行到农村地区设立分支机构，鼓励现有的农村合作金融机构在本机构所在地辖内的乡（镇）和行政村增设分支机构"。

"根据农村地区金融服务规模及业务复杂程度，合理确定新设银行业金融机构注册资本。一是在县（市）设立的村镇银行，其注册资本不得低于人民币300万元；在乡（镇）设立的村镇银行，其注册资本不得低于人民币100万元。二是在乡（镇）新设立的信用合作组织，其注册资本不得低于人民币30万元；在行政村新设立的信用合作组织，其注册资本不得低于人民币10万元。三是商业银行和农村合作银行设立的专营贷款业务的全资子公司，其注册资本不得低于人民币50万元。四是适当降低农村地区现有银行业金融机构通过合并、重组、改制方式设立银行业金融机构的注册资本，其中，农村合作银行的注册资本不得低于人民币1000万元，以县

（市）为单位实施统一法人的机构，其注册资本不得低于人民币300万元。"

根据若干意见："上述新设银行业法人机构总部原则上设在农村地区，也可以设在大中城市，但其具备贷款服务功能的营业网点只能设在县（市）或县（市）以下的乡（镇）和行政村。农村地区各类银行业金融机构，尤其是新设立的机构，其金融服务必须能够覆盖机构所在地辖内的乡（镇）或行政村"。

上述若干意见为我国新型农村金融机构设立奠定了政策基础，对村镇银行、贷款公司和农村资金互助社的建立提供了明确具体的政策依据。

二 我国村镇银行政策创新的关键年

2007年，银监会先后制定和发布了六项新型农村金融机构的行政许可及监管细则，以规范村镇银行、贷款公司、农村资金互助社的设立与退出、组织机构、业务范围、公司治理及经营行为，并规范其组建审批的工作程序。

这"六项细则"分别是《村镇银行管理暂行规定》（银监发〔2007〕5号）、《村镇银行组建审批工作指引》（银监发〔2007〕8号）、《贷款公司管理暂行规定》（银监发〔2007〕6号）、《贷款公司组建审批工作指引》（银监发〔2007〕9号）、《农村资金互助社管理暂行规定》（银监发〔2007〕7号）和《农村资金互助社组建审批工作指引》（银监发〔2007〕10号）。

《村镇银行管理暂行规定》共分八章六十一条，包括总则、设立、股权设置和股东资格、公司治理、经营管理、监督检查、机构变更与终止、附则等。村镇银行是指经中国银行业监督管理委员会依据有关法律、法规批准，由境内外金融机构、境内非金融机构企业法人、境内自然人出资，在农村地区设立的主要为当地农民、农业和农村经济发展提供金融服务的银行业金融机构。经银监分局或所在城市银监局批准，村镇银行可经营下列业务：①吸收公众存款；②发放短期、中期和长期贷款；③办理国内结算；④办理票据承兑与贴现；⑤从事同业拆借；⑥从事银行卡业务；⑦代理发行、代理兑付、承销政府债券；⑧代理收付款项及代理保险业务；⑨经银行业监督管理机构批准的其他业务。村镇银行按照国家有关规定，可代理政策性银行、商业银行和保险公司、证券公司等金融机构的业务。有条件的村镇银行要在农村地区设置ATM机，并根据农户、农村经济组织的信用状况向其发行银行卡。对部分地域面积大、居住人口少的村镇，村镇银行可通过采取流动服务等形式提供服务。

《贷款公司管理暂行规定》共分六章四十七条，包括总则、机构设立、组织机构和经营管理、监督管理、机构的变更与终止、附则等。贷款公司是指经中国银行业监督管理委员会依据有关法律、法规批准，由境内商业银行或农村合作银行在农村地区设立的专门为县域农民、农业和农村经济发展提供贷款服务的非银行业金融机构。经银监分局或所在城市银监局批准，贷款公司可经营下列业务：①办理各项贷款；②办理票据贴现；③办理资产转让；④办理贷款项下的结算；⑤经中国银行业监督管理委员会批准的其他资产业务。贷款公司不得吸收公众存款，营运资金为实收资本和向投资人的借款。

《农村资金互助社暂行规定》分为总则、机构设立、社员、组织机构、经营管理、监督管理、合并分立和解散清算、附则八章，共计六十八条。农村资金互助社是指经银行业监督管理机构批准，由乡（镇）、行政村农民和农村小企业自愿入股组成，为社员提供存款、贷款、结算等业务的社区互助性银行业金融机构。农村资金互助社以吸收社员存款、接受社会捐赠资金和向其他银行业金融机构融入资金作为资金来源。农村资金互助社的资金应主要用于发放社员贷款，满足社员贷款需求后确有富余的可存放其他银行业金融机构，也可购买国债和金融债券。农村资金互助社可以办理结算业务，并按有关规定开办各类代理业务。农村资金互助社不得向非社员吸收存款、发放贷款及办理其他金融业务，不得以该社资产为其他单位或个人提供担保。

"六项细则"对三类新型农村金融机构的定位做出明确规定，其中，村镇银行和农村资金互助社为银行业金融机构，可以同时吸收存款和发放贷款，而贷款公司为非银行业金融机构，不得吸收公众存款。

三类机构中，村镇银行的业务范围最广，可以吸收公众存款，发放短期、中期和长期贷款，办理国内结算，办理票据承兑与贴现，从事同业拆借，从事银行卡业务，代理发行、代理兑付、承销政府债券，代理收付款项及代理保险业务。还可以代理政策性银行、商业银行和保险公司、证券公司等金融机构的业务。

三 村镇银行培育进入计划有序发展阶段

为了快速健康地、均衡地发展我国新型农村金融机构，2009年，中国银监会又制定并发布了《新型农村金融机构2009—2011年总体工作安排有关事项的通知》（银监发〔2009〕72号），决定实施新型农村金融机构"2009—2011年总体工作安排"，以加强新型农村金融机构的培育和发展。

四 村镇银行培育政策力度加强

2010年4月22日，银监会又发布了《关于加快发展新型农村金融机构有关事宜的通知》（银监发〔2010〕27号），标志着我国新型农村金融机构发展进入快车道。通知从八个方面抓落实：一是强化执行力，确保完成三年规划，要求"一把手"总负责，强化银监局内部配合，加强银监局之间协作，优化审批流程，提高审批效率，为新型农村金融机构的发展创造良好条件和监管环境。二是因地制宜，允许三年规划适度调整，要求按照实事求是，有利于改善农村金融服务，有利于新型农村金融机构发展的原则，对于年度时间安排与调整、同一县（市）内变更规划地点、增加国家贫困县、粮棉大县、种养殖大县及银行业金融机构网点空白乡镇规划地点等事项，银监局可自主决定并报银监会备案。三是坚持基本条件不变，合理把握挂钩政策。实施"东西挂钩、城乡挂钩、发达与欠发达挂钩"政策的主要目的在于引导主发起人到经济欠发达地区设立新型农村金融机构。四是加大推动大中型商业银行参与力度，要求大中型商业银行积极支持和配合其组建村镇银行。五是支持鼓励中小银行金融机构发起设立新型农村金融机构，中小银行业金融机构机制灵活，在服务小企业和"三农"方面具有优势，发起设立新型农村金融机构意愿强，各银监局要加强对中小银行业金融机构的指导，对符合条件、意愿强烈的，要积极支持其发起设立新型农村金融机构；对符合条件、意愿不强的，要加强引导。各银监局可将中小银行业金融机构设立分支机构与发起设立新型农村金融机构实施准入挂钩。严禁以各种方式和手段阻碍或变相阻碍符合条件、有发起意愿的中小银行业金融机构跨地区、跨省份发起设立新型农村金融机构。六是调整村镇银行有关政策。通知指出，为推动新型农村金融机构发展，在实施机构间的有效风险隔离、设立严密"防火墙"的基础上，允许资产管理公司发起设立村镇银行。为解决村镇银行资本额度小、贷款集中度比例偏低、不能有效满足中小企业信贷需求问题，将村镇银行对同一借款人的贷款余额由不得超过资本净额的5%调整为10%，对单一集团企业客户的授信余额由不得超过资本净额的10%调整为15%。七是探索新型农村金融机构管理模式。为提高主发起人发起设立新型农村金融机构积极性，鼓励支持主发起人通过新的管理模式规模化地推进机构组建。首先对设立10家（含10家）以上新型农村金融机构的主发起人，为降低管理成本，提高管理效率，允许其设立新型农村金融机构管理总部。八是加强对新型农村金融机构的监管，要求加强对新型农村金融机构的指导、服务和监管，尤其要强化对农村资金互助社的日常指导和监管，同时对主发起人要实施并监管，对大股东要强化责任监管，促进新型农村金融机构又好又快发展。

实践表明，通过抓落实，新型农村金融机构数量增加有所加快，尤其是村镇银行发展速度最快，成为三类新型农村金融机构中的佼佼者，可以说是"一枝独秀"。

五　支持村镇银行培育发展的财政政策

财政部《关于〈中央财政新型农村金融机构定向费用补贴资金管理暂行办法〉的通知》（财金〔2009〕31号），是支持新型金融机构发展的一个重要政策。为了支持新型农村金融机构持续发展，促进农村金融服务体系建设，对新型农村金融机构定向费用补贴，是指财政部对符合规定条件的新型农村金融机构，按上年贷款平均余额给予一定比例的财政补贴。"财政部对上年贷款平均余额同比增长，且达到银监会监管指标要求的贷款公司和农村资金互助社，上年贷款平均余额同比增长、上年末存贷比高于50%且达到银监会监管指标要求的村镇银行，按其上年贷款平均余额的2%给予补贴"。

2010年9月25日，《关于印发〈财政县域金融机构涉农贷款增量奖励资金管理办法〉的通知》（财金〔2010〕116号），对县域金融机构涉农贷款增量奖励，即财政部门对年度涉农贷款平均余额增长幅度超过一定比例，且贷款质量符合规定条件的县域金融机构，对余额超增的部分给予一定比例的奖励。根据规定，"涉农贷款，是指《中国人民银行、中国银行业监督管理委员会关于建立〈涉农贷款专项统计制度〉的通知》（银发〔2007〕246号）中'涉农贷款汇总情况统计表'（银统379表）中的'农户农林牧渔业贷款''农户消费和其他生产经营贷款''农村企业及各类组织农林牧渔业贷款'和'农村企业及各类组织支农贷款'4类贷款。财政部门对县域金融机构当年涉农贷款平均余额同比增长超过15%的部分，按2%的比例给予奖励。对年末不良贷款率高于3%且同比上升的县域金融机构，不予奖励"。

六　我国村镇银行制度与政策创新的特点

（一）制度架构顶层设计定位准确，目标清晰

2004年的"中央一号文件"明确要求："按照有利于增加农户和企业贷款，有利于改善农村金融服务的要求，加快改革和创新农村金融体制。建立金融机构对农村社区服务的机制，明确县域内各

金融机构为'三农'服务的义务。"可见，农村金融的目标非常明确，尤其是新型农村金融机构的建立必须有利于增加对农户和农村企业贷款，改善农村金融服务。

2007年的"中央一号文件"要求："加快制定农村金融整体改革方案，努力形成商业金融、合作金融、政策性金融和小额贷款组织互为补充、功能齐备的农村金融体系，探索建立多种形式的担保机制，引导金融机构增加对'三农'的信贷投放。"2008年的"中央一号文件"提出："创新农村金融体制，放宽农村金融准入政策，加快建立商业性金融、合作性金融、政策性金融相结合，资本充足、功能健全、服务完善、运行安全的农村金融体系。"连续两年"中央一号文件"都强调农村金融服务体系应该是商业性金融、合作型金融、政策性金融互为补充的、三位一体的立体式服务模式。这绝不是很简单的重复，这恰恰表明新型农村金融机构发展的定位是补充作用，弥补大金融无法与"三农"对接的金融服务。

（二）农村包围城市是村镇银行发展制度的顶层设计路径

从我国新型农村金融机构制度顶层设计来看，是农村包围城市，而不是城市包围农村。从历年来的"中央一号文件"关于农村金融改革的主要精神：一是要求金融机构回归农村，涉及大型国有及商业金融到农村设立服务网点；二是要求资金回流农村，尤其是农业银行、邮储银行；三是增加农村金融服务，包括机构设立、产品创新、网点覆盖。而对新型金融机构而言，就是要扎根农村基层，金融机构和服务延伸到村屯，走农村包围城市的道路。

可见，就村镇银行而言，既然是村镇银行就应该严格执行限制其设立空间范围。从其空间发展范围来看，绝不应超过县级城镇，应该向乡镇村屯延伸。然而，事实上，情况并非如此，村镇银行在大中城市遍地开花，而需要金融服务的偏远农村城镇却找不到它的影子。农村资金互助社理应在广大农村遍地开花，然而却寥若晨星。贷款公司就是对农村放款的一个窗口，其设立也不应该超过县级以上城镇范围。

（三）村镇银行的开放度、准入条件和容忍度前所未有

"中央一号文件"多次强调允许社会资本和外资进入农村金融市场，参与设立新型农村金融机构。比如，2004年的"中央一号文件"提出：通过吸引社会资本和外资进入农村金融体系。2006年的"中央一号文件"指出：鼓励在县域内设立多种所有制的社区金融机构，允许私有资本、外资等参股。2012年的"中央一号文件"要求：发展多元化农村金融机构，鼓励民间资本进入农村金融服务领域，支持商业银行到中西部地区县域设立村镇银行。完善符合农村银行业金融机构和业务特点的差别化监管政策，适当提高涉农贷款风险容忍度，实行适度宽松的市场准入。银监会《关于调整放宽农村地区银行业金融机构准入政策，更好支持社会主义新农村建设的若干意见》也放开准入资本范围，积极支持和引导境内外银行资本、产业资本和民间资本到农村地区投资、收购、新设各类银行业金融机构。

可见，关于新型农村金融机构的培育发展，从"中央一号文件"到各部委的制度创新和政策创新都是前所未有的，但是，也存在缺失。

七 村镇银行制度与政策创新缺失

（一）空间范围上画地为牢的地缘限制

"中央一号文件"关于新型农村金融机构创新提供了制度总框架，关键在于中间环节落实政策的创新。中国银监会等相关部门在制定相关落实政策过程中，对新型农村金融机构内涵的理解和界定方面有失偏颇，而且对现有的三类新型农村金融机构设立及其经营活动实行了严格的空间限制，尤其是对农村资金互助社画地为牢的限制是非常不利于其发展的。有些地方为限制农村资金互助社发展，出现了对相关条文过度阐释的现象。如山东某家农村资金互助社在通过银监会审批后，当地监管部门却对其规定，所谓互助，就是资金只能在32名发起人之间融通。

（二）村镇银行的内涵界定过于狭隘

银监会关于新型农村金融机构的内涵界定不够宽泛，也没有从制度上和政策上给予解释。这就导致新型农村金融机构的组织形式十分有限，仅仅局限于三种形式：村镇银行、农村资金互助社和贷款公司。这与"中央一号文件"要求的组织形式多样的、功能完备的与"三农"对接的多样化的新型农村金融机构相去甚远。

（三）相关部门的自信心不强，制度与政策创新过于保守

目前，在全国范围内的农民资金互助社，总数已超过5000家。绝大多数没有纳入银监会的监管之中，但这些农民自发组织起来，用各种形式互助，为广大农村的家庭和企业提供了更多、更方便的服务。鉴于此，监管部门不应该以无力监管为理由而拒绝大力发展各种形式的资金互助组织，总担心放开会乱。这是一种不愿意承担责任和自信心不强的表现。应该充分相信广大农民群众，相信他们能够自律自强，能够办好自己的事情。新型农村金融机构的制度与政策创新必须大胆而有的放矢，不能因噎废食。

（四）存在即合理，只要有利于破解农村金融难题，就应鼓励

目前，全国名称各异、形式多样的资金互助社发展迅猛，有的是在专业合作社下开展的信用合作，有的是以资金专业合作社的形式开展资金互助。这些都与中央对农民合作组织合法化的一些具体规定有关。"中央一号文件"明确提出：允许有条件的农民专业合作社开展信用合作，引导农民发展资金互助组织。根据2007年颁布实施的《中华人民共和国农民专业合作社法》，专业合作社将资金作为一种要素进行合作，并没有规定违反相关法律。况且，"中央一号文件"未就发展何种类型的资金互助组织进行具体规定。因此，只要有利于积蓄资金资源，促进农村经济发展，就应该在政策制度上给予合理的解释和支持。

（五）监管制度不完善、不统一、不协调

目前，中国主要的互助式金融组织，包括农村资金互助社、农民资金专业合作社以及农民专业合作社内部建立的资金互助部。据

不完全统计，目前各地对各类农民资金互助社的主管单位和注册模式，可分为四类：①山东临沂，供销社为主管单位，民政部门注册；②河南信阳，金融办为主管单位，民政部门注册；③宁夏银川，金融办为主管单位，工商部门注册；④江苏盐城，农工部为主管单位，民政部门注册。

根据银监会金融法规，成立金融机构需经过金融监管部门的认可，但合作社往往又归由地方农工部门管理，导致农村各类资金互助社拥有多个"婆婆"：农业局、工商局、财政局、质监局、税务局、农工部、金融办等。

正因如此，"农村资金互助社"与"农民资金互助社""农民资金专业合作社"之间，虽然只有一字或数字之差，但对应的监管模式却是千差万别的：前者在银监会的审慎监管态度下难以得到发展，后两者则因地方政府缺乏积极性及多头管理等原因，几乎得不到任何有效监管，成为风险之源。

按银监会职责分工，地方银监局为农村中小金融机构的属地监管机构，但地方银监局只覆盖到地市级，而绝大多数农村中小金融机构都设在县市以及乡镇和行政村，这些地方只设有监管办事处。

制度与政策创新衔接的滞后性主要表现在以下四个方面：一是各部委与中共中央、国务院之间衔接的滞后性。2004年和2005年的"中央一号文件"提出：建立多种所有制的金融组织，并要求尽快启动试点工作，探索建立更加贴近农民和农村需要、由自然人或企业发起的小额信贷组织。而银监会两年后（2006年）才制定出台了《关于调整放宽农村地区银行业金融机构准入政策，更好支持社会主义新农村建设的若干意见》，启动农村金融机构试点工作。一年后，即2007年中国银监会出台了"六项细则"，新型农村金融机构创新工作才全面推开。二是横向滞后性，即各级地方主管部门配套措施的滞后性。如前所述，到目前为止，只有少数地方政府制定了相关的配套措施，促进新型农村金融机构的培育发展，而大部分省份地方政府还没有出台有关的配套措施。三是纵向滞后性，即银监会及其监管的商业银行行业内落实政策滞后性。如前所述,尽管银监会制定了《2009—2011年新型农村金融机构发展计划》,但是之后并没有按照计划完成目标。为此,2010年4月22日,银监会又发布了《关于加快发展新型农村金融机构有关事宜的通知》,采取八项措施,强抓落实,如"强化执行力,确保完成三年规划,要求'一把手'总负责,强化银监局内部配合,加强银监局之间协作,优化审批流程,提高审批效率,为新型农村金融机构的发展创造良好条件和监管环境"。在此情况下,我国新型农村金融机构的培育发展才得以向前推进。四是财税支持政策的滞后性。2007年,具有正规合法手续的新型农村金融机构已经出现,而财政部门于2009年才制定出台了《中央财政新型农村金融机构定向费用补贴资金管理暂行办法》,较前者滞后两年。

八 农村金融制度变迁的原因分析

任何一项制度变迁都有其特定的原因和动力。回顾我国农村金融制度变迁的历程,可将其原因归纳为内在动力和外在推力。

内在动力主要是农村经济发展的内在融资需求。农村经济发展离不开金融的支持。农村金融需求主体主要分为农户、农村集体经济组织和企业。各类农户和企业,其融资需求形式和要求也不一样。贫困农户和普通农户的金融需求主要是生活开支、小规模种养业生产的贷款需求等;经营型农户的贷款需求主要是扩大生产经营规模化的贷款需求;农村中小企业的金融需求主要是启动市场、扩大生产以及专业化、规模化生产等方面的贷款需求。所以,为满足农村各类主体的融资需求,新中国成立后,党和政府在打击、取缔旧有不合理制度的同时,一直致力于建立和完善适合农村特点的金融制度,不断推动农村金融制度创新和体制调整。

外在推力主要是国家发展战略、经济体制调整和变革对农村金融制度的影响。一是发展战略的调整对农村金融制度发展产生了较大影响。对我们这样一个以小农经济为主体的发展中国家来说,现代化建设进程与乡村动员密切相关,只有将乡村发展纳入国家体制中，并实现全社会的有机整合，才能获得现代化建设所需的经济和政治资源。因此，在新中国成立之初，包括农村金融制度在内的一系列农村经济制度的建立和实施都要服务于国家重工业优先发展的总体战略。改革开放后特别是进入 21 世纪以来，随着党和政府对"三农"问题的重视，农村金融制度改革开始向工业反哺农业、城市支持农村的方向发展。二是经济体制转型推动了农村金融制度的健康发展。农村金融制度服从于经济体制，经济体制决定农村金融制度的变迁，经济体制改革的方向和进程决定农村金融制度变迁的方向和进程。计划经济体制下，农村合作金融制度逐步由"民办"转化为"官办"，其组织和功能结构较为单一，竞争机制缺失、效率低下。改革开放后，随着计划经济体制向市场经济体制的转轨，在政府的推动下，农村金融制度沿着经济发展目标，逐步剥离政策性业务并实现上市，农村信用社也开始恢复合作金融性质，向商业化方向迈进，其他一些适合农村经济发展的新型农村金融机构不断壮大。

第四章 村镇银行发展历程及现状

第一节 村镇银行的产生与发展

从 2007 年 3 月 1 日第一家村镇银行的诞生，到 2011 年年底，全国共有 634 家村镇银行相继成立。本章将从村镇银行的产生背景、发展历程和发展现状三个方面进行论述，主要通过对全部已开业村镇银行的主发起人、股权结构、注册资本及地区分布，从不同角度进行对比比较，以期找出村镇银行的发展规律性。

在中国，农业是基础性产业，如何构建有效的农村金融市场，推动"三农"事业发展，是金融应关注和思考的核心问题。但受多种因素的影响与制约，中国农村金融发展仍然相对滞后，对农村经济的发展不仅没有起到应有的促进作用，还存在一定的抑制性，是整体金融体系中最薄弱的环节，成为制约"三农"发展的"瓶颈"。

吉林省作为全国最先试点发展村镇银行的 6 个省份之一，截至 2014 年 6 月，吉林省村镇银行增加到 38 家。村镇银行的成立缓解了吉林省小微企业和农户贷款难等制约当地农村经济发展的问题，为吉林省县域经济、农村经济的发展起到了促进作用。本章选取发展较早、取得成绩较为显著的磐石吉银村镇银行和前郭县阳光村镇银行为案例，通过其注册基本情况、存款情况、贷款情况以及盈利情况等角度分析吉林省村镇银行可持续发展问题。

一 农村金融网点覆盖率低

20世纪90年代之前，在我国的农村地区都还设有很多大型商业银行的分支机构。作为专业支农的农业银行更是发挥着农村资金筹集和供应的主渠道作用。随着商业化改革的推进，大型商业银行开始大幅度从农村地区撤离。据统计，1998—2004年，四家大型商业银行共撤并基层机构75585家。银监会2007年6月公布的《中国银行业农村金融服务分布图集》显示，截至2006年年末，全国县及县以下农村地区平均每万人拥有金融机构网点数1.26个，城市为2个。乡镇和行政村两个地域内的银行业网点覆盖程度更低，每个乡镇的银行业网点平均不足3个，行政村的网点覆盖率仅为3.28%，65.40%的乡镇只有农村信用社和邮政储蓄机构（银监会课题组，2007），全国有8231个乡镇只设有1家银行网点，有3302个乡镇没有任何银行营业网点，两者合计的乡镇数占全国村镇总数的比例超过了35%。

二 农村金融供给不足

虽然在农村地区构建了政策性金融、商业性金融和合作性金融相结合的金融体系，且设有为农村提供金融服务的农业发展银行、农业银行、农村信用社等组织机构，但真正能向农村提供信贷资金的组织却非常有限。农业发展银行作为唯一的政策性银行，并不面向一般涉农企业和农户贷款。国有大型商业银行有一定数量的涉农贷款，2005年，农业银行农业贷款只占其全部贷款的16%（王敏杰、应丽艳，2007），且随着国有大型商业银行逐步淡出农村金融市场，尤其在乡镇一级网点的撤并力度不断加大，农村信用社实际上垄断了农村信贷市场，成为大多数农村金融市场上唯一提供贷款的正规金融机构，形成了"一农扛三农""一社支三农"的局面。而农村信用社由于历史包袱沉重、自身的不良贷款及经营管理方面存在的诸多问题，难以独自承担服务"三农"的重任。

在供给不足的同时，大量农村金融的存量资源还通过正规金融机构网点和邮政储蓄"流出"农村金融市场。出于自身财务上可持续发展的考虑，农村信用社在经营中表现出严重的商业化倾向，大量资金流向收益率较高的非农部门，真正需要贷款的农户和中小企业常常难以得到贷款。2000年，农村地区银行业金融机构的存贷差为8432亿元；到2005年年末，存贷差增加到30128亿元，比2000年增长了2.57倍（银监会课题组，2007）。中国农村金融需求与农村信用社改革课题组（2007）发现，2001—2004年，有贷款需求的农户中，只有58%获得了正规金融机构的贷款，其中，35.6%的农户获得的贷款低于其需求。

三　农村金融竞争不充分

关于构建竞争性农村金融市场、促进机构多元化的理论讨论早已达成共识，但是，从理论到实践却走过了漫长的道路（李莉莉，2007）。在现有的农村金融体系中，由于各金融机构功能定位的不同，实际上，形成了"三分天下"的格局，并没有形成有效的竞争机制。农业发展银行的运营资金主要用于粮棉油收购等流动资金的贷款。2007年年末，农业发展银行的各项贷款余额为10224亿元，其中粮油贷款余额为7854亿元，占全行各项贷款余额的77%，而全行20779户贷款企业中，粮棉购销企业、农业产业化龙头企业等客户所占比重为83%（程昆、吴倩、储昭东，2009）。大型商业银行较少的信贷主要投向农村基础设施和农产品加工企业，很少向农户和中小型企业提供贷款。农村信用社和邮政储蓄机构在乡镇的网点占银行业金融机构的86.45%，在行政村中占89.83%（银监会课题组，2007）。在邮政储蓄银行成立前，邮政储蓄机构只存不贷，农村信用社实际上垄断了农村金融市场。由于垄断，农村信用社效率低、服务差，导致农村金融生态恶化。在缺少竞争的环境里，服务意识和服务水平很难得到有效改善。很典型的例子是，在中央银行先后两次宣布放宽对农村信用社的贷款利率上限后，不少地区的农村信用社将贷款利率一浮到顶。在农村金融的存量改革进展缓慢的情况下，为解决农村地区银行业金融机构网点覆盖率低、金融供给不足、竞争不充分等问题，2006年12月20日，银监会发布了《关于调整放宽农村地区银行业金融机构准入政策,更好支持社会主义新农村建设的若干意见》,提出按照商业可持续原则,适度调整和放宽农村地区银行业金融机构准入政策,降低准入门槛,促进农村地区形成投资多元、种类多样、覆盖全面、治理灵活、服务高效的银行业金融服务体系,以更好地改进和加强农村金融服务,支持社会主义新农村建设,开始在四川、青海、甘肃、内蒙古、吉林、湖北6个省份的农村地区开展以村镇银行为代表的新型农村金融机构试点。随后,银监会于2007年1月29日发布了《村镇银行管理暂行规定》等六项新型农村金融机构的行政许可及监管细则,村镇银行的试点工作从此启动。

第二节 村镇银行的发展历程

村镇银行从试点至今,整个发展历程可以分为两个大的阶段:一是试点逐步推进阶段:该阶段主要在初步试点的基础上,侧重于对村镇银行这一新生事物规范发展提出明确要求;二是实施三年规划阶段:该阶段主要围绕如何顺利实施三年规划,制定落实各项扶持政策,实现村镇银行服务"三农"设立的初衷,进一步促进村镇银行发展。

一 逐步推进

为了认真做好试点工作,2007年1月22日,银监会发布《村镇银行管理暂行规定》(银监发〔2007〕5号)(以下简称《规定》)和《村镇银行组建审批工作指引》(银监发〔2007〕8号),对村镇银行的性质、法律地位及组建审批工作要点等做出了详细的规定,为村镇银行的组建奠定了坚实制度基础。2007年3月1日,是一个可以载入中国农村金融史的日子。这一天,距《规定》发布不到两个月,三家创新型的农村金融机构从纸面变成了现实——四川仪陇惠民村镇银行和吉林东丰诚信村镇银行、吉林磐石融丰村镇银行正式挂牌开业。村镇银行的试点就此拉开了序幕,进入人们的视线。2007年5月29日,银监会为了全面落实"严监管"政策,有效地防范村镇银行风险,保护存款人和其他客户的合法权益,促进村镇银行的可持续发展,制定了《关于加强村镇银行监管的意见》,明确了相关监管要求。2007年10月,在对已成立的12家村镇银行进行全面评估后,银监会认为,其经营发展情况良好,做出进一步扩大试点范围的决定。将试点省份从6个扩大到31个。随后,各类符合条件的银行业金融机构纷纷申请发起组建村镇银行。2007年12月13日,湖北随州曾都汇丰村镇银行开业,成为我国第一家由外资银行发起的村镇银行。2008年4月24日,中国人民银行、银监会联合发布《关于村镇银行、贷款公司、农村资金互助社、小额贷款公司有关政策的通知》(银发〔2008〕137号),对村镇银行的存款准备金、存贷款利率、支付清算、征信等八个方面的管理提出明确要求,进一步规范了村镇银行的发展。2008年8月19日,全国首家由大型商业银行发起成立的村镇银行——汉川农银村镇银行,在湖北省汉川市新河镇开业。2008年9月12日,彭州民生村镇银行正式成立并营业,这是国内第一家由全国性股份制商业银行发起的村镇银行。2008年9月25日,在中国银联、银监会和中国人民银行的支持和推动下,湖北仙桃北农商村镇银行成功地发行了全国第一张村镇银行银联卡。

二 实施《三年规划》

2009年,银监会发布《新型农村金融机构2009—2011年总体工作安排》(银监发〔2009〕72号)(以下简称《三年规划》),计划用三年时间,在全国设立1294家新型农村金融机构,其中重点是村镇银行,计划设立1027家,占全部的79.37%。这些新型农村金融机构,将主要分布在农业,占比高于全国平均水平(11.26%)的县域(973家,占计划数的75.2%)、中西部地区(853家,占计划数的65.9%)、金融机构网点覆盖率低(每万人拥有网点数少于1.54个)的县域(911家,占计划数的70.4%,其中,包括175

个设在零银行业金融机构网点的乡镇），以及国家、省级扶贫开发工作重点县（在423个贫困县中，国家扶贫开发工作重点县246个，省级扶贫开发工作重点县177个，设立新型农村金融机构461家，占计划数的35.7%，占全国贫困县总数的41.8%）和中小企业活跃县域（300家，占计划数的23.2%）。

（一）《三年规划》的保障制度

在银监会2009年发布的《三年规划》中，首次提出了"准入挂钩"措施。2010年4月20日，为了解决中西部地区受经济发展水平和金融总量的制约问题，村镇银行培育发展难度大问题，银监会积极地创新市场准入政策，发布了《关于加快发展新型农村金融机构有关事宜的通知》（银监发〔2010〕27号），允许资产管理公司发起设立村镇银行，鼓励和推动有关银行探索新的管理总部、控股公司、总分行制等管理模式。对设立10家以上新型农村金融机构的主发起人，允许其设立新型农村金融机构管理总部；对设立30家以上新型农村金融机构的主发起人，允许其探索组建新型农村金融机构控股公司；允许西部除省会城市以外的其他地区和中部老、少、边、穷等经济欠发达地区以地（市）为单位组建总分行制的村镇银行，总部设在地（市），办理除贷款以外的经银行业监管部门批准的其他业务，支行设在地（市）辖内所有县（市）。2010年12月16日，湖南湘西长行村镇银行开业，这是全国首家地市级村镇银行。为解决村镇银行资本额度小、贷款集中度比例偏低、不能有效满足中小企业信贷需求问题，将村镇银行同一借款人的贷款余额由不超过资金净额的5%调整为10%，对同一团企业客户授信余额由不得超过资本净额的10%调整为15%。2011年7月27日，银监会发布了《关于调整村镇银行组建核准有关事项的通知》（银监发〔2011〕81号），调整了组建村镇银行的核准方式。由现行银监会负责指标管理、银监局确定主发起行和地点并具体实施准入的方式，调整为由银监会确定主发起行及设立数量和地点，由银监局具体实施准入的方式。这一调整也间接地表明《三年规划》的结束。与此同时，新规定确立了集约化培育、专业化管理的工作思路，鼓励按照区域挂钩的原则集约化组建村镇银行。此时，监管部门由原来的关注村镇银行的发展数量开始更加注重发展质量。

（二）《三年规划》的扶持政策

为支持村镇银行等新型农村金融机构发展，确保《三年规划》的完成，银监会、财政部、国家税务总局、人民银行等出台了多项支持扶持政策，具体包含以下几类：

1. 定向费用补贴政策

2009年3月2日，财政部发布的《关于实行新型农村金融机构定向费用补贴的通知》（财金〔2009〕15号）指出，经银监会批准设立的村镇银行，凡达到监管要求并实现上年末贷款余额同比增长，且存贷比大于50%，自2009—2011年以来，由中央财政按照上年末贷款余额的2%给予补贴，以增强村镇银行经营发展和风险拨备能力。根据2009年4月22日财政部发布的《中央财政新型农村金融机构定向费用补贴资金管理暂行办法》（财金〔2009〕31号），补贴资金全部由中央财政负担。为了巩固和扩大定向费用补贴工作成果，2010年5月18日，财政部又发布了《关于扩大农村金融机构定向费用补贴政策范围的通知》（财金〔2010〕41号），将补贴时间延长至2012年，并在《中央财政农村金融机构定向费用补贴资金管理办法》（财金〔2010〕42号）中鼓励地方财政部门安排地方补贴资金，加大补贴政策力度，更好地促进村镇银行的发展。

2. 涉农贷款增量奖励政策

财政部发布了《关于开展县域金融机构涉农贷款增量奖励试点工作的通知》（财金〔2009〕16号），对黑龙江等6个省份所辖县域（包括县级市，不包括县级区）内设立的各类法人金融机构和其他金融机构（不包括中国农业发展银行）的分支机构，自2009年起，上年末涉农贷款余额同比增幅超过15%的，上年末不良贷款率同比没有上升的，财政部门对超过15%部分，按2%给予奖励，以增强机构经营发展能力。奖励资金由中央和地方财政按照规定比例分担。2009年4月22日财政部发布的《财政县域金融机构涉农贷款增量奖励资金管理暂行办法》（财金〔2009〕30号）明确了中央与地方财政的比例分担标准，东部、中部、西部地区分别为3∶7、5∶5、7∶3。为扩大政策覆盖面，进一步调动金融机构加大涉农贷款投放的积极性，更好地支持城乡统筹发展，继2009年年末增加3个省份试点的基础上，2010年进一步扩大了试点范围，试点省份增加到18个。试点范围增加了，获取补贴的标准也较之前有所提高。根据《财政县域金融机构涉农贷款增量奖励资金管理办法》（财金〔2010〕116号），涉农贷款的统计范围仅限于农户农林牧渔业贷款、农户消费和其他生产经营贷款、农村企业及各类组织农林牧渔业贷款和农村企业及各类组织支农贷款四类贷款，不再包括农村企业及各类组织其他生产贷款、城市企业及各类组织农林牧渔贷款和城市企业及各类组织支农贷款三类贷款。而且对年末不良贷款率高于3%且同比上升的县域金融机构，也不予奖励。据统计，2009年和2010年，各级财政部门根据资金管理办法对县域金融机构的奖励资金申请进行了审核拨付，分别拨付奖励资金8.64亿元（2008年度）和20.79亿元（2009年度），其中，中央财政分别承担5.19亿元和12.10亿元。通过以奖代补，进一步增强了县域金融机构抗风险能力。

3. 税收减免政策

根据财政部、国家税务总局《关于金融企业涉农贷款和中小企业贷款损失准备金税前扣除政策的通知》（财税〔2009〕99号）等文件的规定，村镇银行自2008—2013年提取的涉农贷款和中小企业贷款损失准备金允许从当年应纳税所得额中扣除。根据《关于金融机构与小型微型企业签订借款合同免征印花税的通知》（财税〔2011〕105号），从2011年11月1日起至2014年10月31日止，对金融机构与小微型企业签订的借款合同免征印花税。根据《关于农村金融有关税收政策的通知》(财税〔2010〕4号)和《关于延长农村金融机构营业税政策执行期限的通知》(财税〔2011〕101号)文件规定,2009—2013年,对金融机构农户小额贷款的利息收入免征营业税,减按90%征收所得税;2009—2015年,对村镇银行、农村信用社等的金融保险业收入减按3%的税率征收营业税。

4. 其他扶持政策

根据《关于完善支农再贷款管理,支持春耕备耕,扩大"三农"信贷投放的通知》(银发〔2009〕38号),将支农再贷款对象由农村信用社扩大到农村合作银行、农村商业银行和村镇银行等县域内存款类金融机构法人。为鼓励县域金融机构将新增存款一定比例用于当地贷款,2010年9月28日,人民银行、银监会联合下发《关于鼓励县域法人金融机构将新增存款一定比例用于当地贷款的考核办法(试行)》(银发〔2010〕262号),对试点范围内的金融机构经考核达标的,给予存款准备金率按低于同类金融机构正常标准1个百分点执行,按其新增贷款一定比例申请再贷款,并享受优惠的再贷款利率,监管部门将优先批准其新设分支机构和开办新业务的申请。另外,对农村信用社、农村合作银行、村镇银行、贷款公司和农村资金互助社继续免征监管费用。

(三)《三年规划》的完成情况

通过表4-1可知,截至2011年年底,全国已累计批准成立村镇银行726家,开业635家,其中,2009—2011年成立544家,完成《三年规划》的52.97%。各年份分别成立57家、201家、286家,完成计划的18.27%、58.43%、77.09%。各年份虽然处于逐步上升趋势,但均低于《三年规划》实施前的87.50%的计划完成率。2013年10月13日,随着甘肃永登新华村镇银行的开业,村镇银行的数量达到了1000家,实现了全国31个省份村镇银行的全覆盖,全国1880个县市的覆盖面超过50%。

表 4-1　　　　　　　　村镇银行历年成立情况

	计划成立数量（家）	实际成立数量（家）	计划完成率（%）
2008 年年底前	104	91	87.50
2009 年	312	57	18.27
2010 年	344	201	58.43
2011 年	371	286	77.09
《三年规划》	1027	544	52.97

资料来源：历年银监会年报。

第三节　村镇银行发展的态势

一　村镇银行设立数量稳步增加

从 2007 年始，国内的村镇银行迅速成立起来，并呈现出良好的发展势头，作为新型的涉农金融机构，国家政府也制定了相应的法律章程对其进行规范，如限制其最低注册资本、经营范围、银行结构、存在意义等。银监会等机构给予了村镇银行很大重视，在政策上也给予其更宽的发展权利及自由。到 2012 年年末为止，我国村镇银行达到 876 家，有 800 家已开业，76 家还在筹建过程中，比 2011 年年底增加 150 家，我国中西部地区，村镇银行的数量约占全国总数的 62%。开业后的村镇银行，其总资产突破了 4343 亿元，拥有 2330 亿元贷款余额，以农户、中小企业的贷款金额占多数，约为 84%。从 2009 年起，国内村镇银行出现发展变慢的现象，但这并不意味着村镇银行再无发展前景。我们知道，无论什么事物，在其发展过程中，都会遇到坎坷与波折，不会一直风平浪静，对于村镇银行而言，其发展过程也应该如此。

二　村镇银行区域分布逐渐合理

将村镇银行按东部、中部和西部划分，东部 11 个省份村镇银行网点数 340 家，占全国村镇银行网点数的 38%；中部 9 个省份，村镇银行网点数 318 家，占 37%；西部 11 个省份村镇银行网点数为

218家，占25%。

三 村镇银行发起机构多样化

截至2012年年底，已成立的村镇银行82%都由区域性中小商业银行发起，其中城市商业银行最为积极。究其原因，与银监会对设立异地分支行的严格要求有关。银监会的要求导致城市商业银行新设异地分支机构很艰难，通过设立村镇银行来新设异地分支机构，达到异地扩张跨区经营的战略目的。五大国有商业银行发起设立村镇银行的数量仅占5%，目前国有商业银行设立村镇银行正处于发展初期，中国银行已与新加坡淡马锡控股公司旗下的富登金融控股有限公司展开合作，目前已设立村镇银行12家，建设银行也有意向与西班牙桑坦德银行展开合作，共同发力农村金融。政策性银行发起设立村镇银行17家，主要为国家开发银行发起，其发起的村镇银行已实现整体盈利。全国性股份制银行仅发起设立村镇银行52家，主要为民生银行与浦发银行发起。对于它们而言，这么多年来的铺点已经很广泛，且村镇银行盈利相当有限，导致其开设分支机构或小微专营支行的意愿要远远大于合资组成一家村镇银行。

外资银行已设立43家村镇银行，其中，汇丰银行发起设立的村镇银行总数已达16家，分布于全国7个省份，形成了覆盖西部、中部、华东、华北的农村金融网络。外资银行设立村镇银行的积极性很高，且多为全资控股子公司，相当于该银行的分支机构，汇丰银行设立村镇银行首要考虑经济利益，多以当地农村经济是否发达、是否有潜在优质客户资源为选址标准，这是外资银行曲线进入工商业战略的表现，同时也符合管理层的考虑，即希望外资银行能把先进的经营模式及风险控制经验都能带到农村去。

四 村镇银行经营成效明显改观

村镇银行作为独立的企业法人，以"安全性、流动性、效益性"为经营原则，以追求利润为经营目的，初成立的一年至两年是其扭亏转盈的关键时期。村镇银行因成立时间不同、地域不同、经济发展水平的不同、发起机构经营管理理念的差异等原因，其经营成效存在差异性。特别是在城乡一体化程度较高的经济发展地区，村镇银行在客户资源、信贷投入和政府支持方面，相比其他金融机构还有一些优势，比经济基础薄弱的地区实现盈利的速度也要快。如在浙江省成立于2008年和2009年的8家村镇银行在2010年年末就已经全部实现盈利，合计税前利润为1.62亿元，净利润1.27亿元（李敏，2012）。汇丰村镇银行业务部常务总监李惠乾称，汇丰发起成立的所有村镇银行在第二年就已经达到了收支平衡的目标，并稍有微利；北京怀柔融兴村镇银行在2010年成立当年就盈利18万元；哈尔滨银行在甘肃会宁设立的村镇银行，2011年的盈利已达1200万元。但整体而言，村镇银行的运营还未实现整体盈利。中央银行数据显示，2012年年末，全国村镇银行平均资本利润率为4.49%，低于同期小额贷款公司8.99%和农村信用社16.82%的水平，与商业银行22%的资本利润率差距更大。目前，金融领域中的竞争非常大，中小城市拥有很多金融资源，且资金利用相当到位。鉴于这种情况，金融机构要提高自身的营业利润，就必须开辟出新的市场。从这几年的情况来看，农村社会及经济水平都得到了迅速发展，农村在金融市场这块还有很大缺口，对金融的需求量非常大。不少金融机构为在农村金融市场中占得一席之地，纷纷制定相关的发展战略，村镇银行首当其冲，理应成为他们的首选。现在，发展农村银行能稳定农村金融市场的发展秩序，促进农村金融的发展，但是，这些村镇银行在建立过程中，出现了同村镇银行业务范围及目标不相符的情况。我国村镇银行在建立的初期，存款、贷款是其主要的经营业务，偶尔也涉及拆借、结算等业务，相对来说比较简单。然而，村镇银行很快发展起来，名气与作用都有了很大提升，为了增加自身的效益，它们有时也会成为中间人。然而，村镇银行受制于银行自身资金实力有限，农村地区经济发展水平较低，业务种类扩展速度较慢和服务的创新程度不高。在硬件配置上，村镇银行还很欠缺，不少银行连基本的电子信息设备都没有，自动提款机等设备也不多，在现代信息技术不断更新的情况下，村镇银行却有些跟不上时代的节奏。

第五章 村镇银行的风险及成因分析

第一节 村镇银行风险的类型

村镇银行的功能是"填空补白",因其所处环境的内在特殊性和复杂性,使其面临金融风险。尤其是在 2012 年 12 月下旬发生了中银富登村镇银行湖北某行长涉嫌诈骗 1.2 亿元潜逃案之后,让村镇银行第一次以违规案例被曝光的形式成为公众的焦点,这也让监管者、投资者和经营者在村镇银行的公司治理及风险管控等问题上提高了警惕。按照信贷风险产生的原因,村镇银行除面临市场、信用、操作等风险外,还面临着特殊风险,如农业自然灾害风险和政策法律风险。风险意识是风险评估的基础,也是风险控制过程的第一个环节,村镇银行要想管控风险,首先要了解自己面临什么样的风险。

银行风险是指在货币经营和信用活动中,由于受到多种不确定性因素影响,使银行的实际收益和预期收益发生背离,造成损失的可能性。银监会副主席周慕冰曾在第四届中国村镇银行发展论坛上表示,村镇银行的发展应坚持质量优先。按照《村镇银行管理暂行规定》的要求,村镇银行资本充足率应始终不低于 8%,由于其所处的区域经济环境具有特殊性和复杂性,村镇银行经营管理风险必须采取有针对性的办法加以考虑。按照信贷风险产生的原因,我国村镇银行信贷风险可划分为信用风险、操作风险、市场风险、流动性风险、政策风险、内部控制风险等类型。

一 信用风险

发达地区村镇银行存在贴现、透支、信用证、担保、证券投资等比较宽泛的信用风险，欠发达地区村镇银行以违约贷款风险为主。根据麦肯锡公司的研究，以银行实际的风险资本配置为参考，信用风险占银行总体风险暴露的60%，而市场风险和操作风险仅各占20%。可见，对信用风险的管理是银行风险管理的首要目标。

村镇银行定位于为"三农"服务，贷款对象是农民和中小企业，缺乏相应的抵押品、系统全面的信用记录和有效的信用评估方法。如福建建瓯石卿村镇银行，虽然目前没有不良贷款，但随着村镇银行信贷业务的扩张，不可避免地面临信用风险压力。

二 操作风险

由于基础设施、管理素质、技术含量、生态环境等多种因素的制约，农村金融机构的操作风险更加严重。村镇银行的操作风险主要包括决策、运作和道德风险，前后台工作人员中，大多是从开设网点当地招聘的，人员专业素质较低，操作风险防范意识差，业务交易过程中缺乏有效的风险监测手段，容易引起人为错误或系统故障，造成操作风险。

2012年，银监会印发了《关于鼓励和引导民间资本进入银行业的实施意见》，将村镇银行主发起行的最低持股比例由20%降低至15%。在村镇银行民营化浪潮推动下，容易产生民营企业以关联贷款方式为其自身融资的道德风险。

在明确村镇银行独立法人地位的前提下，主发起行对村镇银行如何实施有效的管控仍处于摸索阶段，这也为村镇银行未来的发展埋下了风险隐患。根据村镇银行监管政策的要求，主发起行应在村镇银行的信息技术建设、人员培训、风险控制等方面发挥积极作用。然而，主发起行因商业化盈利的刚性约束难以承担诸多支持义务和风险责任。

三 流动性风险

由于农业具有明显的季节性，农村资金运动的季节性、周转的缓慢性、占用的分散性，容易造成银行存款减少和贷款需求的增加，使村镇银行面临流动性风险，决定了村镇银行贷款更容易出现不能按时足值收回的可能性。农业作为弱势产业，抵御自然灾害的能力差，加之农业保险制度尚未健全，一旦发生自然灾害，损失难以避免。

村镇银行面临着来自农信社、邮储等老牌农村金融机构的竞争，再加上村镇银行基层网点少，老百姓认知不足，增加存款难度大，资金来源受到限制，而吸纳的存款不足以弥补贷款空缺。因此，虽然村镇银行享有中央银行支农贷款的优惠政策，但也起不到长期有效地缓解资金流动性压力，同时各地基层人民银行对村镇银行的存款准备金率规定不一，很多按照一般商业银行标准进行，也降低了对农信社等的竞争力。竞争力不足主要是由先天不足和后天竞争过大两方面原因造成的，但是，邮储等却不愿意在农村进行放贷，致使农村对村镇银行的放贷需求强烈，这样，便产生了资金需求和供给不对称性，从而很容易产生流动性风险。同时，由于储户和贷款客户同属一个地区的农业经营者，受到季节性影响因素，到春季储户和贷款人同时来到银行提取资金，造成银行资金来源的减少和需求的增加，使流动性问题更为突出。再者，由于规模小，在盈利的压力下，会不断扩大贷款规模。资金的供给与需求不匹配，极易产生流动性风险。

四 市场风险

市场风险是影响金融机构运营业绩的重要风险。虽然村镇银行具有一定的本土优势，但是，由于这些地区受地域自然条件和开放程度等限制，居民收入水平不高，农民和乡镇企业闲置资金有限，客观上造成了贷大于存的现状，以致形成业务经营的市场风险。

村镇银行的主营业务是存放款，受利率波动影响大。村镇银行的存款大部分是贷款客户带来的，为得到这部分存款必须牺牲部分贷款利率。村镇银行的贷款定价处于试点阶段，面对我国利率市场化改革进程加快的现状，村镇银行如何在农村金融市场利率的波动中防范信贷风险是其面临的重要课题。

五　政策风险

政策风险是指因宏观经济政策的不连续性，有可能导致村镇银行无法健康经营，从而形成不良贷款。此外，由于地方政府对当地金融机构不合理、不科学的行政干预，也有可能造成村镇银行信贷资产的非正常运作。

从村镇银行外部宏观环境看，农村金融市场效率低和政策性金融缺乏政策法律支持。由于市场利率波动而对村镇银行存贷利差和其他利率敏感性缺口产生公允价值与现金流利率风险。从村镇银行内部微观环境看，主要是职能定位存在矛盾性、风险控制水平和注册资本额较低。

村镇银行在地域经营范围上有严格限制，不允许跨区经营。网点所在地的农业和工商企业较为单一，无法形成规模优势，为村镇银行的营业额提供支持。如汇丰银行在村镇银行的选择上就倾向于农业养殖大县。特色产业的集中导致村镇银行的贷款面临较高的行业风险，即村镇银行的风险集中度较高。

六　内部控制风险

内部控制风险，是指金融机构内部相关风险控制制度、管理流程、监督方式以及核算方式、业务处理流程等内部控制管理基本制度不完善，可操作性不强，导致金融机构经营中出现风险。首先，由于大多数农村新型金融组织受业务规模的限制，为控制机构经营成本，不能建立完善的组织结构和健全的内部控制制度。大多数新建机构没有设立内部监督部门，如董事会、监事会等部门。缺乏监督管理就有可能形成内部人控制现象，容易出现部分管理者或者大股东一人说了算，把金融机构变成其个人的小金库的现象。这样一来，不但设立农村新型金融组织的基本宗旨会被改变，同时也会产生大量的内部关系人贷款或关联方贷款，使金融机构的风险进一步扩大。目前大多数村镇银行的人员结构显示出两级管理的扁平结构，基本上都是由大股东派董事会人员、行长、前中后台工作人员在当地组织招聘，经过培训上岗，从业务管理的角度来看，村镇银行基本都沿用了大股东银行的原有制度模式。虽然在业务流程上转变得相对灵活，从原有的较大客户向农村客户过渡、调整，提高了工作效率，但是同时也增大了内部控制风险。由于村镇银行正处于发展的起步阶段，在业务发展方面和同行业间存在较大竞争，压力过大容易出现重营销而轻管理的经营理念的偏差，盲目地追求业务的发展速度和发展规模，而忽视风险管理和防范，轻率授信，甚至违规做业务，埋下风险隐患。其次，由于村镇银行业务属于较新的业务，沿用大股东银行原有的风险管理机制存在一定困难。村镇银行员工都来自原有大银行的基层，缺乏对风险控制的整体把握能力，现在进入具有扁平结构的村镇银行，他们难以把握业务操作中风险控制的重点、难点。又加之业务流程中的关键风险环节没有进行标志和区分，关键风险点和风险控制措施不明确，业务操作人员难以把握风险控制的重点和难点，管理压力大、效率低。最后，利率浮动范围、金融统计、异常情况应急预案等方面的监管政策法规还没有成型，加之村镇银行地处基层，由于时间上、人员上受到限制，检查往往不能到位，不能及时发现问题，彻底解决问题，容易滋生内部控制风险。

第二节　村镇银行风险的成因分析

有效防范金融风险是村镇银行可持续健康发展的基石。村镇银行风险是客观存在的，分析村镇银行金融风险的形成原因，有利于防范村镇银行金融风险。

一　外因：村镇银行经营外部环境欠佳

（一）农村经济基础薄弱，制约着村镇银行的发展

村镇银行根植于广大经济欠发达的农村地区，农村经济是村镇

银行的重要依托，农业是村镇银行运行的主要支持产业，村镇银行吸收和运用资金都以农村经济的发展为前提，农村各产业的资金效益决定着村镇银行等农村金融机构的资金效益，农业和农村经济运行中的各种矛盾和问题都会影响到村镇银行的经营发展。我国农业生产薄弱的经济基础、较高的自然风险及落后的农业保险发展水平，不仅严重损害了广大农民和农村企业的利益，影响我国农业和农村经济的发展，而且也将农业生产的落后性和风险性转嫁至村镇银行等农村金融机构，由此导致村镇银行风险的产生。

第一，农业生产经营活动面临着较大的自然风险。自然风险具有不可控性、周期性和共沾性等特征。我国是自然灾害频发的国家，每年有0.4亿—0.5亿公顷农作物由于自然灾害等原因受灾，受灾面积占农业生产总面积的比重较高。同时，由于我国农村基础设施整体较为薄弱，农村保险业发展较为落后，其难以防范和化解自然风险这一系统性风险。农业的高风险、弱质性决定了农业信贷的高风险性。村镇银行的服务对象主要是"三农"，信贷的投放方向是农户和农村企业。因此，"三农"的高风险、低收益性必然会导致不良贷款的大幅上升，诱发村镇银行经营风险。当农户和农村微小企业无法取得预期收入时，村镇银行也相应地面临贷款信用风险。在村镇银行出现的贷款违约案例中，很多状况都是贫困农户或微型农村企业因无法防范自然灾害、自然风险而遭受经济财产上的严重损失，无盈利或收益状况恶化的局面使他们难以偿还村镇银行的贷款，最终农村生产经营过程中的自然风险不可避免地传导给了村镇银行等农村信贷机构。

第二，村镇银行的信贷资金来源受到严重制约。在我国村镇银行的经营发展受到严格的地域限制，不能跨地区办理存贷业务，因此，村镇银行的存款主要依赖于当地农村居民的储蓄存款。据不完全统计，农户的储蓄存款占村镇银行各项存款的80%左右。而我国大部分农村地区，特别是中西部贫困地区，长期以来，对"三农"投入不足，农业基础设施差，经营粗放，农业低效且不稳定。因此，农村地区居民人均可支配收入增长缓慢，其直接导致村镇银行存款的主要来源——农村居民储蓄存款增量不足且数额有限，造成了村镇银行自有资金不足的局面。村镇银行这种小区域内的"取之于民，用之于民"的经营模式严重束缚了可持续发展，易产生流动性风险。

（二）农村征信系统不够完善、信用意识较差

从征信制度来看，虽然近年来人民银行从信用信息服务入手，不断推动农村信用体系建设，改善农村信用环境。但是，我国农村地区信用制度缺失的现象仍较为普遍，尚未建立一个完整的关于农民个人信用记录及信用账户之类的个人征信系统，对农户和农村企业的基本信用资料掌握不够全面且处于纸质化人工处理阶段，缺乏电子化信息管理。在业务开展的过程中，村镇银行无法通过资源共享来准确地掌握贷款客户的信用信息，快速了解客户的信用记录。因此，其客户群体大多是"三缺"农户或农村企业，即缺乏过去的信用记录，缺乏规范的会计核查信息，缺乏专业的评估组织提供专业有效的评估鉴定。完善的征信系统的建立尚需假以时日。这样一来，村镇银行与贷款客户之间的信息不对称极易引发村镇银行信用风险。

从信用环境来看，农民作为一个文化水平相对较低的群体，部分农村信贷资金借款者信用状况复杂，信用观念落后，信用意识淡薄，对偿还村镇银行贷款不积极或消极应付，甚至从贷款开始就有赖债不还的倾向。个别贷款农户视村镇银行的信贷资金为国家给予的"资金补助"，拒绝还款，其他农户也会跟风拖欠贷款、恶意逃避金融债务，可能引发"多米诺骨牌效应"，故意拖欠、逃债、赖债、废债发生概率大大增加。社会信用环境的不佳，给村镇银行的稳健经营带来的不良影响，导致其信用贷款大量沉淀。

（三）金融监管不力

伴随着农村经济体制改革和村镇银行的不断发展壮大，我国对村镇银行等新型农村金融机构的监管体制不断完善。村镇银行开业

后，受银监会派出机构和中国人民银行监管。为了促进村镇银行审慎经营和稳健发展，银监会于2007年5月27日下发《关于加强村镇银行监管的意见》（银监发〔2007〕46号），从流动性风险监管、信用风险监管及操作风险监管三个方面对村镇银行风险监管做出了详细规定。因此，我国村镇银行防范金融风险的能力不断增强。但是，从村镇银行发展和监管实践来看，目前村镇银行监管还存在诸多缺陷和不足，尚不能有效监控村镇银行风险。

首先，监管理念落后。目前，我国对村镇银行的金融监管工作主要是通过行政手段，各地银监局执行有关法规、制度规章等方式，对村镇银行的金融监管还停留在机构审批、业务审批及合规性检查阶段，没有形成完善的监管体系——预防性为主的事前监管和金融检查到维护性的事后监管。

其次，监管难度较大。村镇银行的市场准入门槛较低，数量众多且均为一级法人机构，其机构位置和服务范围大都位于农村地区。但是，我国的基层银监部门和机构主要集中于距离农村地区较远的中心城市，因而对村镇银行开展现场监管和实地调查困难重重，无法对村镇银行进行有效监管。

再次，监管手段落后。监管当局对村镇银行的监督检查方式与其他金融机构基本相同，主要是现场突击检查。而村镇银行在准入门槛、经营管理模式、服务对象及业务范围方面不同于其他银行业金融机构，这就必然要求监管方式和监管手段的合理转变，建立具体、全面的非现场检测及评价体系。因此，适合村镇银行的新的监管模式和监管制度亟待探索。

最后，监管链条过长。从我国目前的情况来看，城市金融机构的监管链条主要是三级，国家级、省级和市级，县级监管是市级监管的延伸，不是一级独立的监管层级。但是，村镇银行由银监会监管，必然导致将出现国家级、省级、市级、县级甚至更低层次的监管层级，导致监管链条过长、监管成本偏高、监管信息不真实和监管时效性相对较差等问题。而且，由于村镇银行的监管半径大，地域涵盖县乡两级，监管成本高，而其经营管理模式多种多样，增加了在实际操作中的监管难度。

二　内因：村镇银行内部经营管理不善

（一）注册资本金水平普遍较小

一定数量和质量的注册资本金是银行业金融机构开业的基本前提，是提高其信用的重要保证，更是抵御各种金融风险的重要物质条件。因此，关于金融机构资本及水平目前国际上已经形成公认的准则。根据《巴塞尔新资本协议》的要求，银行业金融机构资本充足率应不低于8%，核心资本充足率应不低于4%。目前，我国为了更广泛地引导社会资本的流入，农村地区村镇银行等新型农村金融机构设立的制度安排是低注册资本、低准入门槛。按照中国颁布的《关于调整放宽农村地区银行业金融机构准入政策，更好支持社会主义新农村建设的若干意见》的规定，在县（市）设立村镇银行，其注册资本不得低于人民币300万元；在乡（镇）设立村镇银行，其注册资本不得低于人民币100万元。但是，目前约有半数的村镇银行其注册资本金为1000万—5000万元，远低于商业银行注册资本金至少5000万元的要求。较低的注册资本金使村镇银行承受亏损和防范风险的能力变得极其有限，一旦面临客户大规模的信用违约，村镇银行的生存经营与发展将面临巨大威胁。

（二）内部控制监督不足

内部监控是基础，金融机构安全经营的必要条件之一就是建立科学的内部控制监督体系。现阶段，我国村镇银行内部治理不力，主要表现为：一是村镇银行内部控制建设滞后于业务发展。我国村镇银行内部控制建设滞后，机构内部普遍存在会计基础工作质量差、会计信息反映不够真实、财务监督不力、费用支出居高不下、风险管理不到位、不良资产占比大、案件发生频率高等问题，内部控制建设远远滞后于业务发展。二是在内部治理结构的设置方面，部分村镇银行的发起人和参与者之间存在过于亲密的裙带关系。由于农村社会环境的地缘特征，在极端情况下，村镇银行的董事会、监事会、经理层甚至可能都是由具有亲缘关系的一家人担任负责人，这就难以形成真正有效的公司治理，金融风险爆发的可能性随之提高。

（三）员工整体素质不高

员工的整体素质水平已成为金融机构稳健经营和发展壮大的根本保证。相对于其他银行业金融机构而言，村镇银行的员工素质较低。一方面，由于村镇银行大多位于农村地区，很难吸引到优秀的专业金融管理者和从业者，因此，村镇银行从业人员专业技能知识较为缺乏，风险管理意识淡薄。另一方面，在村镇银行的经营管理中，人力资源管理理念远远落后于现代人力资源管理的先进模式，仍然处于传统的人事管理阶段，人力资源管理对于业务发展和风险防范的促进作用没有得到应有的重视，无法充分调动和发挥员工的能动性和创造性。

第六章　村镇银行风险管理目标、方针和制度

村镇银行在发展过程中，由于银行内外个人、经济、社会、自然等一系列因素的综合作用，使村镇银行产生了信用风险、流动性风险、操作风险、政策风险等。对于这些风险，一旦处理不当，必然会给村镇银行造成损失，严重的可能导致破产，由此引发金融危机和社会动荡。因此，村镇银行要科学地预防、正确地处理上述风险，必须制定风险管理的目标、方针和政策。

第一节　村镇银行风险管理目标

村镇银行在经营过程中必须制定风险管理目标，这些目标包括以下三个方面。

一　保障自身安全

在市场经济条件下，任何企业的经营都有一定的风险，而村镇银行由于其自身的特点，主要靠负债经营，而贷款的收回又取决于贷款企业的经营效益，因此，村镇银行是风险较大的企业。这样，村镇银行风险管理的目标必须充分考虑保障自身的安全。

保障银行自身安全是指村镇银行要保证自身有足够的清偿能力、贷款回收能力和抗风险能力，不至于因资金周转不灵、经营不善而导致挤兑、亏损和倒闭。

村镇银行要树立风险观念，加强风险管理，建立风险防范、风

险监测、风险消化、风险责任约束的管理机制，尽量防范、避免与减少风险，增强抗风险能力，把风险发生的可能性降低到最低限度，在一定限度内避免风险。

村镇银行通过风险管理，合理安排资产规模和结构，注重资产质量。村镇银行通常按资本净值与资产的比例、有问题贷款占全部贷款的比例等指标来控制其资产规模。如果资本净值占资产总额的比例过低，存贷比过高，甚至贷款总额超过存款总额，都表明该村镇银行的风险较高，会影响银行经营的安全性。如果有问题的贷款占贷款总额比例过高，也反映该银行资产质量不高，会危及银行的安全。

此外，村镇银行还应通过保持一定比例的现金资产和持有一定比例的优质证券来改善村镇银行资产结构，提高自有资本在全部负债中的比例，以增强抗风险能力。自有资本在全部负债中的比例高低，是人们判断一个银行实力的主要依据，也是村镇银行保持信誉及赢得客户信任的基础。一家村镇银行若能在社会上有较高的信誉，得到人们的充分信任，那么即使发生暂时的资金周转困难，也会因为人们的信任而不能发生挤兑，从而保证其经营安全，所以，每家村镇银行都要在可能的情况下，根据实际情况，不断补充自有资本总额。

村镇银行在经营过程中必须遵纪守法，合规经营。自觉遵守各项法规，不搞违法经营，这样就能保持村镇银行在社会上良好的形象，同时也可取得国家法律的保护和中央银行的支持，一旦发生风险，便可及时得到中央银行的援助而免遭更大的风险打击。村镇银行必须合理安排贷款和投资的规模与期限，使其与负债规模保持一定比例，与负债结构相适应。总之，村镇银行要维护自身安全，保持足够的清偿能力，必须要保持一定比率的流动性较高的资产；建立分层次的现金准备；使自有资本在全部负债中占相当的比例，并根据业务规模扩大而逐步提高；合法经营；要加强对客户的资信调查和经营预测；银行资产要在种类上和客户两个方面适当分散，避免信用风险，减少坏账损失。

二　保护存款者利益

审慎经营，稳健发展，保护存款者的利益，是村镇银行生存和发展的重要途径，也是村镇银行风险管理的目标之一。村镇银行吸收存款靠的是信用，保护存款者的利益是对银行信用最基本的要求。客户把暂时闲置的资金存入银行，主要是出于对银行的信任。这种信用是靠法律予以保证的。当存款者利益得不到保障时，必然影响银行的信誉，就会出现挤兑的发生，影响金融系统的稳定和社会的安定。为保障存款者的利益，村镇银行在风险管理和业务经营中应做好以下六个方面的工作。

（1）村镇银行办理个人存款业务时，应当遵循"存款自愿、取款自由、存款有息、为存款人保密"的原则。对个人储蓄存款，村镇银行有权拒绝任何单位或者个人查询、冻结、扣划，法律另有规定的除外。

（2）对单位存款、村镇银行有权拒绝任何单位或者个人查询，但法律、行政法规另有规定的除外。

（3）村镇银行应按照中央银行规定的存款利率的上下限，确定存款利率，并予以公告。

（4）村镇银行应当按照中央银行的规定，向中央银行交存存款准备金，留足备付金。

（5）村镇银行应当保证存款本金和利息的支付，不得拖延、拒绝支付存款本金和利息。

（6）建立银行存款保险制度。

三　保障支付体系正常运行

各行业间的资金循环与周转，大多要通过银行支付系统办理结算，而大部分债务结算是采用转账结算信用方式进行的。作为银行的支付系统，联行结算系统不准压票、随意退票、截留客户资金和他行资金。村镇银行在经营过程中，有时会出现资金紧张、头寸调拨不灵的情况，如果为保全自身私利而采取压票、压汇、占用联行汇差等，就会使银行结算渠道受阻，加剧了债务的拖欠，使整个银行支付系统发生危机，严重影响包括民营商业银行在内的所有银行的信誉，损害了客户的利益。为保障银行支付系统的正常进行，村镇银行在风险管理中应采取以下措施：

（1）强化银行的流动性管理。村镇银行必须随时能够应付客户提存或满足贷款需求，为此，村镇银行需要具备一种能力，一种在不损失价值的情况下的变现能力，一种应付各种债务的灵活应变能力。流动性意味着，只要急需，村镇银行随时可以付出资金，也随时可以收回资金。掌握适度的流动性，是村镇银行经营成败的关键，也是保障银行支付系统正常运行的关键。过高的流动性，会使银行丧失盈利机会甚至出现亏损；过低的流动性，则会使银行面临支付能力危机和信用危机。这就需要银行经营管理者必须审时度势，适当安排资产和负债，恰到好处地把握资金的流动性。这种对流动性的调度安排能否及时有效地进行，是村镇银行风险管理的中心议题之一。

（2）提足备付金，以备客户及时提取现金和及时清偿结算中的资金，防止压汇、压票，保证支付系统畅通无阻。

（3）拆入资金用于弥补票据结算、联行汇差头寸的不足和解决临时性资金需求，使资金运动保持良好循环状态。

（4）除缴存法定准备金之外，还要将一定的存款存在中央银行，这部分准备金叫作超额准备金，以作为联行清算和支付的准备。

第二节　村镇银行风险管理方针

以 1988 年《巴塞尔协议》为起点，现代银行风险管理目前已经迈进了全面风险管理（Enterprise – Wide Risk Management, EWRM）时代。什么是全面风险管理？我们可以给出一个粗浅的定义：全面风险管理是对整个银行内外整个业务层次、各种类型的风险通盘管理，采用统一的风险收益指标对收益进行风险调整。从国际一流银行的经验而言，全面风险管理系统主要关注信用风险、市场风险和操作风险。

　　西方商业银行的风险管理是在资产负债管理成熟发展的基础上演化而来的。如果说20世纪60年代花旗银行推出大额可转让存单使资产管理跨入负债管理时代，那么70年代的两次石油危机则迫使西方银行真正进入实施资产负债表管理时代。20世纪80年代初，因受债务危机影响，西方银行普遍开始注重信用风险的防范和管理，其结果是1988年《巴塞尔协议》的诞生。20世纪90年代以后，随着衍生金融工具及交易的迅猛增长，市场风险日益突出，几起震惊世界银行和金融机构危机案（如巴林银行、大和银行等事件）促使人们对市场风险的关注。一些主要的国际大银行开始建立自己的内部风险定价模型与资本配置模型，以弥补《巴塞尔协议》的不足。首先是摩根银行的风险价值理论；再就是由美国风险管理后起之秀的信托银行开始启用的"经风险调整的资本收益率（RAROC）"管理模型，该模型也被花旗银行等西方大银行采用。最近几年，西方大银行认识到信用风险仍然是关键的银行风险，开始关注信用风险量化方面的问题，并试图建立量化信用风险的内部方法与模型。1977年4月初，美国JP摩根财团与其他几个国际银行——德意志银行、摩根信托、美洲银行、瑞士银行、瑞士联合银行等共同研究，推出了世界上第一个评估银行信贷风险的资产组合模型。这也是继推出了VaR方法后，JP摩根的又一贡献。西方大银行在风险管理上的迅速发展也促使巴塞尔委员会改进监管规则。1999年6月3日，巴塞尔委员会发布关于修改1988年《巴塞尔协议》的意见征求稿，该协议对现代西方银行风险管理的新方法给予充分的关注。1998年，美国长期资本管理公司事件再次向银行业提出警告：损失不再是单一风险所造成，而是由信用风险和市场风险等联合造成。金融危机促使人们更加重视市场风险与信用风险的综合模型以及操作风险的量化问题,由此,银行家更加关注全面风险管理模式。至此,西方银行开始了全面风险管理的时代。

我国村镇银行作为适应市场经济的新型农村金融机构,作为广大农民、小企业筹资的主渠道,作为商业银行中的新生力量,应以高标准严格打造自身,力求在以后的市场竞争中占有一席之地。作为村镇银行经营管理中关键的一环——风险管理,更是村镇银行极为重视的环节。从民生银行、广东发展银行积极引入外资股份来看,学习西方大银行的管理经验已经提上议题。外有外资银行的虎视眈眈,内有国有银行和股份制银行的竞争,村镇银行必须苦修内功,学习西方大银行量化风险的管理文化,对风险进行量化管理,引入RAROC和VaR等各种先进的管理工具,以彻底改变滞后的信贷文化。为了使风险管理的思想、目标落到实处,见到实效,村镇银行在经营过程中必须制定一系列的风险管理方针,这些方针包括以下九个方面。

一 以RAROC为核心管理整个银行

风险管理的一个基本挑战就是要发现一种将风险和收益联系在一起的办法。RAROC就是这样的一种衡量指标,用公式表示就是:

RAROC=(收益－预期损失)/风险资本

式中,收益=利息边际+非利息收入－经营成本。RAROC的最低比例是股东要求的最低回报率,它在税前应大于25%。未来10年内,整个银行界都将使用风险调整的收益衡量技术,这是目前金融机构最为有效的风险收益衡量指标,也是民营商业银行在21世纪进行市场竞争的先决条件。

村镇银行必须以RAROC为基础建立风险管理体系,能够使市场风险、信用风险和操作风险管理政策统一,使银行发展战略和风险管理整体统一,改善客户定价策略,对客户定价进行风险调整,为实施新的《巴塞尔协议》打下强劲基础。

二 将风险管理建立在经济资本分配体系之上

每一家村镇银行的终极目标都是增加银行股东价值。为达到这一目标，银行的每一业务部门和产品线都要进行价值管理。这意味着银行的经济资本要根据业务部门或产品线的风险进行分配，将银行的整体目标分解为各产品或业务部门的目标，这就要求必须建立经济资本（Capital at Risk，CAR），经济资本是根据银行所承担的风险计算的最低资本需要，用以衡量和防御银行实际承担的损失超过预计损失的那部分损失，是防止银行倒闭风险的最后防线。由于资本是最为稀缺和最为昂贵的资源，因此，银行管理者必须对经济资本进行管理，既要保证有充足的经济资本覆盖风险，又要保证经济资本的使用是经济的、有效的，即能够用在最能为银行带来收益且风险相对较小的地方。资本分配的基础仍然是VaR，因为经济资本的计算将基于VaR，RAROC的基础是资本分配系统。

45%的国际大银行，特别是北美的银行，都已建立资本分配体系，而且采用RAROC作为评价风险和收益的标准方法。村镇商业银行作为专业银行中机制最灵活、最善于接受和学习的特殊机构，必然要紧跟业内世界最高水平，参照西方大银行的标准进行风险管理。但是，资本的分配通常局限在信用风险和市场风险，很少有银行考虑对操作风险分配资本。经济资本的分配要考虑组合效应（风险分散），实际上，这种方法只有风险管理非常先进的银行采用，主要是因为组合效应的复杂性和困难所致。

三　对所有类型的风险进行组合管理

只有将经济资本分配到各业务部门或产品线，才能有效地实行价值管理。为实现这一目标，所有的风险都应该在银行整体层次上组合管理，这就要求将所有的风险进行相加，其中要考虑风险之间的相关性，即组合效应。加总风险是经济资本分配的基础，也是进行组合管理的困难之一。实际上，很多银行根本没有考虑加总风险，就更谈不上考虑风险之间的相关性，而只有极少数银行全面考虑风险之间的相关性。成功的加总风险需要综合考虑以下四个方面：

第一，风险要进行一致的定义，而且全部采用VaR技术量化。

目前，市场风险和信用风险量化方面的困难可以克服，但操作风险方面的量化要面临很大的挑战。

第二，应考虑在一定的置信度和时间区间的非预期损失。应慎重选择置信度和计算区间。对于大多数银行来说，银行标准置信度的选择与期望的外部信用评级是相关的。

第三，为加总所有类型风险的 VaR 数值，必须考虑不同风险之间的相关性，到目前为止，并没有明确的研究结论。一些银行采用统一的相关性假设，另外一些银行却假设不同风险之间是不相关的。

第四，从计算的简化方面而言，采用粗糙假设的相关系数比精确的数学计算更有优势。

四　进行积极的信用组合风险管理

积极的信用风险管理的发展起源于银行业为避免重蹈 20 世纪 80 年代末 90 年代初期金融危机的初衷。为此，西方商业银行发展了复杂的信用风险模型技术，发展了风险调整的收益测量方法和贷款风险定价工具。信用组合管理模型能够在各种层次上辨识信用风险，使银行能够采用一种积极的信用风险管理办法。通过组合优化，一个典型的银行可以减少所需经济资本的 25%—30%。对于批发银行而言，近几年最明显的转变就是由传统的"buy and hold"模式（买入并持有模式）转变到积极的信用组合管理，即"buy/sell/hedge"模式（买入、出售、保护模式），以积极主动优化信用资产的风险收益特征。

除了美国银行，很少银行具有流动性的信用二级市场，中国的村镇银行同样也不具备，这给积极的信用风险管理带来一定的困难。另外，一个有效的积极的信用组合管理系统需要一个完备的内部数据库。其中，历史评级、违约概率等数据将用于计算信用风险，而且内部的评级标准与外部的评级标准相吻合。然而，具备标准的内部评级的村营商业银行并不是很多。而新的《巴塞尔协议》对此增加了两个方面的要求。一是要求各银行建立自己的内部风险评估机制，特别是大银行，要求它们运用自己的内部评级系统，决定自己对资本的需求。但这一决定要在严格的监管之下进行。目前，有些银行已经做到了这一点，但更多的银行并没有类似的体制。二是巴塞尔委员会提出了一个统一的方案，即"标准化方案"，建议各银行借用外部评级机构特别是专业评级机构对贷款企业进行评级，根据评级决定银行面临的风险有多大并需要为此准备多少的风险准备金。一些企业在贷款时，由于没有经过担保和抵押，在发生财务危机时，会在还款方面出现困难。通过评级，银行可以降低自己的风险，事先预备相应的准备金。即便是《巴塞尔新资本协议》将内部评级提到了前所未有的高度，但村镇银行真正实施仍有很大困难。需要解决的一个问题是，银行之间要认可彼此的信用评级系统，从而达到一个行业标准。如果评级问题得到解决，那么距信贷二级市场的建立就已经不远了。所以，村镇银行应成立一个信用评价协会，协会成员由各村镇商业银行组成，共同制定统一标准，为信用评价做支撑。

积极的信用风险管理不仅仅是引入先进的工具，更为重要的是银行管理框架和文化的转变，这包括三个方面的内容：①贷款销售部门应该集中精力赢得客户，满足客户的需求，销售部门将以一定的转移价格把信用风险转移给组合管理部门。销售部门将作为利润中心管理，转移价格的变化将影响利润中心的收益。②传统的信贷部门将变成内部信用评级部门，它们将完全集中精力判定每项交易的风险，进行贷款和客户评级。③组合管理部门将作为利润中心进行管理，它将建立转移定价体系和转移价格，发展组合管理战略，在二级信用市场上进行组合管理。其最终目的是提高整个银行的风险收益特征。

五 从测量市场风险转向积极的市场组合管理

在一个成功的市场风险管理系统中，不同产品线的市场风险的定义是标准的，而且可以互相比较。有部分村镇银行利用 VaR 技术测量市场风险。所选择的计算模型基本上类似于 JP 摩根的 Credit

Metrics 模型。

但仅仅进行风险的量化还远远不够，需要把不同产品的 VaR 加总，计算出银行整体的 VaR，并据此进行资本配置。只有少数银行能够在所有的产品线采用 VaR 进行管理。VaR 没有很好地利用的原因主要在于数据问题，没有完备的数据仓库，无法进行数据的验证等。因此，村镇商业银行应该着手开始逐步建立统一数据库系统，以提供准确可靠的财务和业务数据支持。

六 努力量化和管理操作风险

对大多数的村镇银行而言，操作风险管理是一个悬而未决的问题。这一风险没有严格准确的定义，而且难以把握。目前，许多村镇银行认为，操作风险是一种特殊事件风险。这包括不合规的行为、不完善的过程或技术及外部事件，比如计算机灾难和自然界灾难等。除了特殊事件风险，有些银行也把商业战略风险定义为操作风险。

为了进行全面风险管理，银行应该尽可能管理操作风险，要全面考虑特殊事件风险和商业战略风险，并为其分配资本。很多村镇银行已经在努力对操作风险进行量化，一部分村镇银行还没有方法管理操作风险，但已经在开发操作风险的解决方案。

预计在未来几年内，一部分国际一流银行将建立起操作风险内部损失数据库。我国村镇银行任重道远。对于目前操作风险的量化趋势，只有少数村镇银行认为，对操作风险应该像信用风险或市场风险那样采用模型数理技术进行量化，然而，一些银行在操作风险管理中引入 VaR 方法的努力将会被监管机构认可。

七 普遍应用 VaR 技术

积极的风险管理逐步取代传统的"Buy and hold"管理模式，其基础就是普遍采取 VaR 方法。也就是说，风险要明确采用 VaR 来定义和量化。波士顿咨询公司对 60 家国际一流银行的研究表明，对风险（包括市场风险和信用风险）有明确的定义的银行不多于 50%，而其中只有 15% 的银行在所有层次广泛采用 VaR，27% 的银行广泛采用 EaR（Earning at Risk），而另外 8% 的银行采用损失进行定义。

从 VaR 的应用经验而言，VaR 能够很快用于大型客户或上市公司的信用风险管理，而对于小型的客户或零售业务，由于数据不充分，应用 VaR 技术将比较困难。对于操作风险，就很少有银行能够做到采用 VaR 来衡量。国际经验还表明，很少有银行能够快速建立并达到对所有风险采用标准办法来衡量和进行全面管理的阶段。因此，对于村镇银行，我们建议一步步来做。首先是对每一种风险引入标准的评估办法，从而达到依据标准对每类风险进行组合的管理。第一步，引入 EaR 方法，使不同业务线或业务部门之间的风险评价方法逐步趋于一致，这是由于计算 EaR 所需的数据比 VaR 少。所有的风险可以通过 EaR 计算出来，从而不同部门之间的 EaR 可以进行比较。第二步，通过 EaR 进行全部风险的组合管理和经济资本的分配。第三步，全面采用 VaR。这是民营商业银行风险管理的终极目标，由此可以建立信用风险、市场风险和操作风险的全面风险管理。

VaR 方法至少应成为大公司客户的信用风险量化标准。大约 60% 的国际一流银行采用 VaR 方法量化大型公司客户的信用风险。在北美和澳大利亚的银行已广泛采用 VaR，在欧洲只有 50% 的银行采用，而在南美却很少采用，我国的村镇银行和南美情况类似，采用的非常有限。造成 VaR 技术应用差别如此大的原因在于数据问题，在这方面，我国村镇银行表现得尤为突出，所以，今后长时间内必须进行有效的数据库建设。在许多大型公司客户的 VaR 技术方面，已有成熟的风险量化模型，村镇银行必须以此为契机，大力推进 VaR 技术及数据库的建设，以便争夺高端客户，为以后的长远发展奠定良好的发展基础。

八 在所有组织层级和交易层级实行风险管理

风险来自不同的方面，也由不同的部门进行管理。一些风险只在总体层级进行控制，如流动性风险和利率风险，即传统意义上的资产负债表风险管理部门，而信用风险、市场风险和利率风险在各个层次都要进行控制。村镇银行要管理所有层次上的风险和各种类型的风险（包括信用、市场、利率风险等），而且对不同的风险要采取不同的风险制度和风险管理办法。在银行整体风险管理层级上需要一个纽带将不同层级和不同来源的风险联系在一起，汇集为整体风险尺度。因此，在整体层级、在业务单位层级和具体交易层级，存在不同层级的风险限额。一个全面的、完整的风险管理系统应将整体风险尺度与局部风险尺度联系起来，从而在决策层级上管理所有风险。这就要求建立风险组合管理，并通过资金转移定价系统和风险资本分配系统将整体风险和交易层级的风险联系起来。

九　建立风险管理文化

在银行中引入全面风险管理体系，人力资源因素将和技术同样重要。并不是所有的过程都是自动的，人力因素将起到至关重要的作用。这也就是为什么同样的技术在这家银行能够成功应用，而在另一家银行却失败的主要原因。一种良好的银行风险管理文化，通常包括四个方面的内容：一是以"提升质量"为核心的风险管理文化。无论是决策层、管理层，还是一般员工，都自觉通过其言行来强调风险控制和风险管理的重要性，都能在自己的工作岗位中自觉地增强风险管理意识，银行内部已形成自我控制和管理风险的氛围。二是以"忠诚、守信"为基础、以风险防范为核心的道德评价标准，促使全体员工恪守诚信原则，高效诚实地开展工作。三是银行管理者和员工对银行业的风险特质都有比较充分的认识，将风险管理作为一个动态过程融入银行经营管理过程之中。四是防范、控制和化解风险已成为最高管理决策层的主要工作任务。风险收益要综合考虑，必须向雇员灌输这样的风险管理文化，必须让雇员掌握评价在相关风险下取得最大收益的能力。必须对员工赋予明确的职责和引入激励机制，并用 RAROC 指标进行评价和考核。因此，在员工中普及 RAROC 理念非常重要，这是风险测量技术和决策支持系统所无法弥补的。

第三节　村镇银行风险管理制度

村镇银行的一系列风险管理方针，必须用科学的风险管理制度来保障。否则，再好的方针也只能是水中月、镜中花，发挥不了作用。村镇银行的一系列科学的风险管理制度主要应包括以下六个方面。

一　银行组织制度

银行组织制度的核心是建立健全风险管理的组织机构。因为它是最终决定银行在控制、监督和评估各个业务部门风险承担能力及效力的关键，它直接影响到风险管理与银行总体战略目标的一致性。银行风险管理组织机构一般包括以下五个方面。

（一）董事会

董事会最终承担财务损失或股东权益减少等责任。防范、控制和处理银行所面临的所有风险是董事会的一项重要职能。20世纪90年代以来，国外大银行的董事会已纷纷将风险管理纳入发展战略计划，并将风险管理在整个管理体系中的地位提升到银行发展战略的高度。

（二）风险管理委员会

风险管理委员会隶属于董事会，其成员由银行内部和外部的经济金融专家构成，其中包括两名以上的银行决策层成员。风险管理委员会独立于日常业务管理。而且要有充分的经验确保其管理活动免受来自业务部门管理层的干扰。风险管理委员会一般负责制定并适时修正银行的风险管理政策，以指导银行的各项业务活动稳健进行。作为全行系统风险的管理者和责任承担者，风险管理委员会必须对那些能够量化的风险制定量化风险标准（比如限额、风险资本衡量方法等），对内部评估不易量化的风险，建立相应的操作规程。

(三) 风险管理职能部门

风险管理职能部门隶属于风险管理委员会，它们或者是分离的，如分别设立的市场风险管理部门、信用风险管理部门等，或者整合为一个完整的风险管理部门。风险管理职能部门在风险管理委员会的支持下行使日常的监督、衡量和评价量化风险的责任职责。为了有效地履行这种功能，风险管理职能部门必须有一定的职权并独立于产生各种风险的业务部门。

(四) 稽核委员会

稽核委员会通过内部稽核人员来保证已获批准的风险管理政策和规程得到有效执行。内部稽核人员应当定期稽核、测试风险管理程序和内部控制，一旦发现问题，及时向稽核委员会报告，同时，稽核委员会向董事会和执行委员会报告，以便执行委员会及时采取措施对存在的问题加以解决。为了确保风险管理与控制的有效性，内部稽核人员一般在金融产品和金融工具的创新时就开始介入。外部稽核人员主要是定期复查风险管理职能部门的完整性、独立性，评价风险政策和程序的合规情况，并及时向稽核委员会执行委员会报告。

(五) 风险经理

风险经理是风险管理与控制的一线人物，在风险管理职能部门与业务部门之间发挥纽带作用。其职责是确保业务部门贯彻风险管理政策，并向风险管理职能部门提供日常报告，使风险管理职能部门与各个业务部门之间保持联系。尽管风险经理负责本业务部门的风险管理与控制，但是，部门最终的风险责任却由部门分管承担，并在维护银行风险管理政策方面发挥主导作用。

二　村镇银行风险内部控制制度

从广义上讲，村镇银行的风险控制应以村镇银行经营过程中遇到的所有风险为对象。很明显，村镇银行内部控制仅限于对村镇银行内部风险的控制，它通过建立自我约束和控制发挥作用。自我约束和控制机制是村镇银行内部按规定的经营目标和工作程序，对各部门、人员及其业务活动进行组织、协调和制约，以减少和控制内在风险损失的一种管理制度。

村镇银行的内部控制是维护商业银行稳健经营，确保整个银行体系正常运转的有效保障，它能避免金融体系内产生银行倒闭的"多米诺骨牌效应"，有利于维持金融秩序的稳定。村镇银行完善内部控制制度，当前最主要的是要建立系统内部控制制度，实行谨慎经营。

（一）建立主管领导责任制

行长或部门经理等必须对风险管理负完全责任。因为风险管理需要自上而下对行内经营负责人推行，他们的态度、重视和参与程度，对风险管理的实施起着决定性作用。

（二）建立健全五个内部控制机制

1. 决策管理机制

村镇银行应当建立科学、有效的决策管理组织。按照现代企业制度的管理原则，健全决策和管理机制，明确法人与下属分支机构的职责分工。最高决策层对整个系统内部控制负完全责任，应当充分了解内部控制存在的问题并及时补充完善，将内部控制状况作为评价管理层工作成效的重要标准。

2. 人事管理机制

任何制度都需要由人来执行。当前，银行业缺乏必要的执行标准，人员素质参差不齐的状况比较明显，甚至还有品行低下、有劣迹的人员在关键岗位工作，这对村镇银行的经营安全构成了威胁。因此，必须从内部控制上严格人员管理，严肃人事纪律。在人员控制上，要明确内部各层次人员的职责和权限，定岗定责到人，制定各种业务操作手册、行为规范和纪律守则。在用人问题上，应注重诚实、正直的个人品质，加强管理人员的异地交流和岗位轮换，实行指定休假和离职审计制度。

3. 职责分离机制

业务活动的核准、记录、经办应当尽可能做到相互独立，如果不能做到完全分离，也必须通过其他适当的控制程序来弥补。村镇银行内部应当严格分离的岗位主要有现金、有价证券、重要空白凭证、印鉴、密押、贷款、核保、会计、财务、资金交易、损失确认、计算机等。

4. 授权和审核制约机制

民营商业银行的各个业务部门和分支机构都应当明确,办理任何业务活动必须经过有权批准部门的书面认可,并实行严格的授权,对越权行为给予严厉的处罚,越权造成的损失应追究相应的责任。应按照内部有关经营管理权限实行逐级有限授权,根据被授权人的实际情况实行区别授权,并根据情况变化,及时调整授权。根据"相互监督"原则,明确规定重要业务活动必须经两人以上审批签署方才有效,单位单岗处理业务的,也应建立后续监督机制。必须明确履行各种审批权力应当承担的相应责任。对各项业务活动的发声、进展和变化应当明确规定报告的渠道和程序。

5. 内部审核机制

银行应当建立具有独立性、权威性的内部审核机制,充分发挥内部审计在内部控制中的综合性监督职能。

(三) 确定内部控制的四个重点

1. 完善会计管理体系

会计是银行业务的基础,每项业务都需要会计记载和核算。建立相对独立的会计管理体系是内部控制的一个重点。会计人员进行账务记录的唯一依据只能是经严格识别的且合法、有效的会计凭证。会计记录应当严格按照规定的要素和会计期间,完整、准确地反映各项业务活动和资本金、负债业务、资产业务、损益、表外科目的变动情况。会计报表应当由会计人员独立编制。报表已经生成后,会计人员不得接受任何指令,对报表数据进行修改。要严格防止会计接受非法指令,从事违法的会计记账、核算活动,严厉处罚账外账行为。

2. 强化人员素质和行为准则

对银行从业人员,包括管理人员和操作人员的控部控制是内部控制的核心。管理人员的品行和个人道德必须与承担的职权相适应，有能力组织和负责处理业务，对市场分析交易和管理技巧有全面深刻的了解，深知业务风险的内涵，确保本人和下属不对某一客户给予不正常的特别优惠。管理人员还应及时向上级和监管部门通告违反规定所造成的损失和采取的措施。操作人员应在业务策略和操作规程范围内处理业务，无权随意改变操作的方法、业务内容及核算原则。

3. 健全风险测量和监管系统，主要运用两种方法

一是通过对本银行财务报表的比较，运用比率分析指标，衡量目前的财务状况和经营状况，并预测未来发展趋势，着重找出可能影响村镇银行未来经营的风险因素。

二是风险环境分析，即从村镇银行经营管理的内部环境和外部环境出发，识别有关的不确定因素。

风险测定要建立在定量分析的基础上，分析方法和计算过程要为测定人员所掌握，并有利于银行核查和不断补充改进。在金融秩序混乱的情况下，要特别注意信用风险的管理，严格按照有关原则和程序开展授信业务，及时了解客户、竞争对手的财务、经营变化的情况。流动性风险是风险管理的一部分，在制定风险额度时，要特别注意金融产品市场的流动性状况，保持充分的支付能力。同时，也要注意汇率风险、市场价格风险、法律风险和操作风险，制订应急的措施和计划，以应付紧急情况。

4. 加强信息和安全管理

信息和安全管理是民营商业银行内部控制的有效保证。村镇银行要对各项业务的计算机系统从项目立项、设计、开发、测试、运行直到维护进行严格的管理和监控，确保每一个操作环节都有控制、有记录、可监督。进入计算机系统应当实行特殊密码口令控制，密码口令要定期更换。特殊情况下需要修改系统数据，必须经过有效审批，数据修改过程应当双人操作、详细记录。建立备用数据处理系统，并保证可随时投入运行，系统数据应进行及时备份。

村镇银行应充分利用现代化的信息处理和通信技术，建立灵敏的信息收集、信息反馈系统。金融机构各项决策和业务经营活动，必须建立在充分的信息支持基础之上，利用各种信息及时调整业务经营方针和发展策略，加强决策和经营管理活动的针对性和主动性。

村镇银行应当严格建立健全各种业务档案，建立严格的资料保全制度，以确保各项业务经营及相关活动处于随时可监督、可检查状态。

村镇银行各个重要部位，如库房、营业网点等，应当实行严格的安全保卫措施，各个岗位的人员都应当根据各自职责，明确各自的应急应变措施，加强对各种安全保卫人员的管理和监督，有效防范内部作案和其他犯罪活动。

三　村镇银行风险补偿制度

风险补偿制度不是在损失形成后再权宜地去决定补偿方法，它是作为一种运行的必备条件，即预备性的日常积累方式实现的，主要由准备金制度、成本摊入制度等组成。

（一）建立自保风险的准备金制度

自保风险是银行自身的财务补偿损失。需要有计划地建立风险准备金。风险准备金是银行内部建立的一种用定期摊付、长期积累方式补偿风险损失的基金。主要有以下五个方面。

（1）呆账准备金。弥补贷款呆账损失而从银行可分配利润中提取的资金，仅用于核销无法收回的贷款本金，不包括利息。抵押贷款和拆放资金、委托贷款不提取呆账准备金。

（2）坏账准备金。对贷款应收利息等应收款项可能发生无法收回的坏账而按规定提取的准备金。

（3）投资风险准备金。不是根据银行全部投资额，而是按照长期投资额（持有证券时间超过一年的投资）的一定比例提取的用于补偿投资风险的基金。

（4）同业拆借风险准备金。为了补偿同业拆借的风险损失，从事拆借业务的银行，应提取拆借风险准备金。只有在银行倒闭的情况下，才有可能发生拆借风险，而银行倒闭毕竟比企业倒闭要少，故同业拆借贷款和投资风险要小，提取准备金的比例也比较低。

（5）法定存款准备金。按所吸收存款的法定比例提取的准备金，用于应付非常时期存款者随时提取存款。

（二）直接摊入成本自担风险

这是对那些损失较小的风险而言的。如银行当年发生的坏账损失，超过上一年计提的坏账准备金部分，应计入当期成本；不计提坏账准备的银行，发生坏账损失，应计入成本等。

（三）价格补偿

事先将可预测的风险报酬计入价格之中。即在价格中除包含投资报酬率和货币贬值因素外，应加上风险报酬率。这样，使风险损失预先得到补偿。主要有存款保险制度、投资保险制度。

（四）最后贷款人制度

中央银行作为最后贷款人给那些清偿发生困难的商业银行以财务支持，不仅为了挽救个别银行，也是为了挽救整个银行体系。防止因为一家银行倒闭而引起与此有关的整个银行体系"支付链"发生危机，甚至导致全社会金融与经济的恐慌。最后贷款的方式有以下三种。

（1）贷款。中央银行直接贷款；由中央银行出面组织若干大银行共同贷款；设立专项基金援助。

（2）兼并。中央银行支持大银行兼并小银行，清理其全部债权债务。

（3）中央银行或政府直接出面资助。资助的方式有：在该银行大量存款，增加其负债额；购买银行资产；收购该银行。

四 村镇银行资产负债比例管理制度

资产负债管理是西方商业银行对资产业务和负债业务进行综合管理、协调的一种方法，是以资产制约负债为导向，运用规模对称、结构对称、速度对称、目标互补等原理，旨在建立自我平衡、自我约束、自我调节、自我发展机制,使资金在流动性、安全性和营利性三方面达到最大限度的均衡。推行资产负债比例管理是村镇银行专业化的重要环节。它主要从以下七个方面来规范银行风险管理的制度。

(一) 资本充足比例

资本充足率是资本与风险资产总额的比例。它是衡量一家商业银行一旦发生风险后补偿损失的能力的重要指标。2010年10月12日,全球27个国家中央银行就银行体系要求形成最新改革方案,即《巴塞尔协议Ⅲ》规定,截至2015年1月,全球各商业银行的一级资本充足率下限将从现行的4%上调至6%,由普通股构成的"核心"一级资本占银行风险加权资产的下限将从现行的2%提高至4.5%。如果银行实际资本不足6%,就必须调减债务,增加资本,或者改变资产结构,减少风险资产。按照《巴塞尔协议Ⅲ》的有关规定,资本充足率可以分为以下五级:一级,资本充足。资本与风险加权资产的比例达到8%的水平,且不存在其他潜在风险。二级,资本充足或接近充足。资本与风险加权资产的比例介于6%—8%之间。三级,资本不充足。资本与风险加权资产的比例在6%左右波动。四级,资本明显不充足。资本与风险加权资产的比例虽然也在6%左右波动,但风险资产占总资产的比例过大。五级,资本严重不足。资本与风险加权资产的比率在6%以下,不但资本总量不足,而且资本与风险加权资产的比例过低。村镇银行应从以下四个比例指标入手。

1. 资本对存款比率指标

西方金融机构在法律上明确规定第一个资本标准使用资本对存款比例表示的。如美国联邦储备局规定国民银行的最低股权资本金与存款比例为10%,即银行对每10美元存款必须保持1美元资本。银行的风险基数成了银行风险的代表,因为存款的不确定程度较高。不同的管理当局定期对资本金要求进行修改。但是,一家银行的潜在损失既与存款不稳定有关,与风险性贷款及证券投资有关。

给存款人带来风险的是缺乏流动性的投资和生息资产。

2. 资本对资产总额的比例

为了更精确地反映资本和与资产组合政策有关的信用风险和市场风险的相互关系，金融管理当局以资本对资产总额的比例来作为资本充足程度的检验标准。

3. 资本对风险性资产的比例

在美国，风险性资产定义为资产总额减去现金、应收其他银行欠款和美国政府债券。这是美国金融管理当局把管理重点放在风险性资产上曾采用的检验指标。这个指标确实很值得村镇银行在进行资产负债比例管理时借鉴。

4. 超额资本对存款总额的比例

资产总额和风险性资产比例曾被认为是资本充实与否的基础。超额资本定义为资本总额减去股票。统计检验表明，超额资本比例是预测银行倒闭的较准确的指标。

（二）流动性比例

流动性强是银行资产负债业务的突出特征。流动性是一种可以应付各种责任的充分的资金可应用能力。在银行的经营实践中，常采用以下几种较为模糊、较为粗糙的衡量流动性的指标。

1. 贷款对存款的比例

比例越高，流动性越低。因为贷款资金更多地被贷款资产占用，急需头寸时难以及时抽回。但该比例没有考虑存款和贷款的期限、质量和收付方式，没有说明贷款之外的其他资产的性质，因而可能出现贷款、存款比较高的银行的资产反而具有较高的流动性的情况。

2. 流动性资产对全部负债或全部贷款的比例

比例越高，流动性越强。该指标有一定的操作难度，且忽视了负债的流动性因素。

3. 超额准备金，其绝对值越高，流动性越强

超额准备金是立即可动用的，甚至在规模上有倍数效应的资金，

是一个现实保障感极强的指标。

4. 流动性资产与易变现负债之差

差值大于零，表明有一定的流行性；差值越大，流动性越强。这是一个在理论上比较准确，且现实感较强的指标，其特点在于对资产和负债作综合分析考虑，适于直接应用于流动性的调节操作。

5. 存款增长率与贷款增长率之差

差值为正，表明流动性增强；差值为负，表明流动性减弱。这是一个表明流动性趋势性程度的指标，作为实际衡量流动性的指标，显得较为粗糙。

对于村镇银行流动性管理，应注意三个指标：

（1）流动性资产与各项流动性负债的比例不得低于25%。流动性资产包括库存现金、在中央银行存款、存放同业款、国库券、一个月内到期的同业净拆出款、一个月到期的贷款、一个月到期的银行承兑汇票、其他经中国人民银行核准的证券。流动性负债是指一个月内（含一个月）到期的存款、同业净拆入款。要求流动性资产与流动性负债的比例大于或等于25%，达到这一要求有相当大的困难，比如在中央银行的存款、国库券、一个月内到期的贷款比例都是较小的。

（2）中长期贷款比例。商业银行一年期以上（含一年期）的中长期贷款金额不得超过一年期以上存款的120%。

（3）存放中央银行存款、存放同业款项加库存现金之和占各项存款的比例不得低于5%—7%，具体比例由中央银行根据各行情况确定。

（三）备付金率

备付金率是用以反映在中央银行存款和库存现金在一般存款中的比例的指标。备付金包括中央银行往来存款和库存现金。中央银行往来存款平均余额、库存现金的平均余额和一般存款的平均余额是针对考核期而言的。其计算方法为：若以年度为考核期，则每月的余额除以12即为年度平均余额。备付金是非营利性资产，但它又是保证支付所必需的。这项指标要求在保证支付能力的前提下，压缩备付金占用。备付金率的高低将直接影响资金的营运。存款准备金率过高，意味着资金积压，不利于提高资金利用率，资金周转效益差；存款准备金率过低，正常业务资金支付就会发生困难，资金划拨及清算都会受到影响。可见，存款准备金率必须保持适当的比例，以保证正常的资金运营、资金调拨、办理现金业务的库存和同业往来（用于同城结算、异地划拨资金及委托代办现金）占用等的最低需要，以保证日常支付业务得以顺利进行。备付金率主要应根据影响中央银行往来存款和库存现金的因素来确定。民营商业银行备付金率应分为静态管理和动态管理。备付金率指标静态管理主要是按月、季、年看备付金率在实际执行中变化情况，观察其是否随着业务发展而扩大。动态管理是随时对备付金的保付情况进行分析研究，并根据业务经营发展需要及时调整备付金限额，灵活调剂资金，使备付金率保持在合理的水平上。

（四）有问题贷款占资产总量的比例

中国人民银行于1994年发布的《信贷资金管理暂行办法》和《对商业银行实行资产负债比例管理的通知》中规定：逾期贷款余额与各项贷款之比不得超过8%，呆滞贷款不得超过5%，呆账贷款不得超过2%。在实际工作中，一方面，逾期、呆滞款项难以划清；另一方面，对逾期贷款的比例，经营行目前完全可以通过贷款还旧或还旧贷新的方式降低，但对贷款质量的提高实际作用并不大，而将呆滞贷款率控制在5%以内难度很大。目前，因为企业的周转贷款和基金贷款大约占流动资金贷款的80%以上，这部分贷款企业长期占用不还，若不是每年转一次借据，逾期时间已远不是两年。所以，贷款质量指标考核在目前的实际工作中还难以操作，该指标对其控制的目的几乎形同虚设。

所以，村镇银行必须制定和实施新的风险管理机制。一是建立规范的、科学的贷款管理体系，以贷款流动性、安全性和效益性为原则，对信贷资产进行定性、定量评估，定量评估要设计合理的量化考核指标，以此来衡量贷款企业等级，评估贷款企业的信用程度，以此作为确定贷款支持程度的依据。从根本上改变过去简单、粗放的信贷管理模式，建立科学、规范的风险防范、转化和补偿机制。二是建立贷款责任制，明确信贷管理人员的责任、权力，对有贷款审批权力的部门和个人要承担相应的风险责任和经济责任，与个人利益挂钩，做到惩罚分明，并以此促进信贷人员业务素质的提高，增强其风险意识。三是建立完善的贷款保障机制，大力开展抵押贷款和担保贷款，逐步减少信用贷款。四是建立贷后监督机制，要成立一个在行长领导下，有计划、信贷、会计、稽核、监察等部门组成的监督检查委员会，负责对信贷活动实行全面检查监督。这是保障信贷安全的重要环节。

在这里，村镇银行应该完善企业经营机制，约束企业短期行为。在企业承包过程中，银行要主动参与，企业不仅要承包产、销、利等生产经营指标，还要承包资金管理、贷款的偿还。要建立自有流动资金补充机制，增强企业自我发展的后劲，抑制企业急功近利的短期行为。对那些资不抵债、扭亏无望的企业，要依法破产，及时清理债权债务。各级银行要积极参与企业改革的全过程，保证银行贷款债务的落实和偿还。要增强企业的信用意识，提高区别信贷资金和财政资金具有不同性质的认识，建立自我约束机制，避免应计而不计成本，盲目举债等不负责任的贷款行为。

盘活信贷资金存量，清理低质量的贷款，最大限度地提高资金使用效益。首先，要下大力气，下大决心，下硬指标，以压缩"三无"贷款为突破口，充分挖掘资金潜力。各级银行都要克服畏难情绪，把盘活信贷资金存款始终放在重要的议事日程，常抓不懈。其次，全面清理和重新落实银行贷款债务。按照"债随资金走"原则，明确承担贷款的主体，通过借新还旧，与承担企业重新签订还款协议，补办贷款抵押、担保手续，完善有问题贷款的公证、担保、产权抵押等法律手续，减少贷款风险，为收贷打好基础。最后，要因势利导，多管齐下，借助企业的兼并、联合、股份、合资、分立等改革手段，活化贷款，将贷款转移到由优势企业代偿。对在产权改革中不认账，或认账不认还的要运用法律手段强制收款。

（五）单个客户贷款占资产总量比例

用单个企业或项目贷款余额占银行资本的比例，更能反映村镇银行承受资产风险的能力。对单个企业最高贷款率与贷款资产风险比率程度成正比。对单个企业最高贷款率越高，越不利于贷款资产风险的分散化和多样化。西方国家对这一比率的限制较为严格，如美国规定，商业银行对任何单一客户的贷款不得超过该行资本的10%。

我国村镇银行无论采用哪一种考核指标，都应将目标值控制在较低水平上，防止资产损失。如果单一贷款额度过大，可以采用联合贷款或银团贷款的形式以分散风险，这种形式也是世界各大银行乐于采取的。

中国人民银行颁布的《信贷资金管理暂行办法》和《对商业银行实行资产负债比例管理通知》中规定：

（1）对同一借款客户的贷款余额与银行资本总额的比例不得超过15%。

（2）对最大10家客户发放的贷款不得超过银行资本总额的50%。除规定贷款比例来限制银行对单一客户贷款之外，为了降低贷款风险，实现资金的安全，银行还可以进行贷款多样化管理和贷款分散化管理。贷款多样化管理，银行应尽可能扩大其贷款面，打破行业界限，向各行各业贷款。如果贷款客户单一，同属一个行业、部门，银行贷款就被占压在不景气的行业，增加了贷款回收的难度。银行若把贷款分散在众多的、相对独立的行业与产品上，将比集中于同一行业更有利于风险水平的降低，即使出现一些部门的暂时困难，也不至于影响银行的资金周转。贷款分散化管理，即贷款总额在一定情况下贷给更多的客户。贷款客户越多，收不回贷款的概率就越小。

第六章 村镇银行风险管理目标、方针和制度 / 115

（六）长期资产占中长期负债的比例

中长期资产与负债是指期限在一年以上（含一年期）的资产和负债。此项指标若等于100%，表明对应平衡；若小于100%，表明长期负债剩余，资产营利性不足。《商业银行资产负债比例管理暂行监控指标》规定，一年期以上（含一年期）的中长期贷款与一年期以上的存款之比不得超过120%，即要求商业银行运行过程中，要讲求期限结构的对称，短期资产、短期负债、长期资产、长期负债四者要有一个合理的比例搭配，这主要是考虑到商业银行资产的流动性和收益性。在以短期负债应付长期资产的情况下，如果长期利率不变，短期利率提高，则银行会减少收益；如果短期利率不变，而长期利率提高，那么，长期资产和长期负债所增加的净利息收入往往难以抵消长期资产的跌价损失。

（七）流动性资产占流动性负债的比例

流动性资产负债比例这一指标反映银行灵活调度资金和满足客户提取存款或要求贷款的能力。流动性资产包括现金资产和随时可以变现的资产，如短期国库券等，这些资产具有很高或相当高的流动性。流动性负债包括期限在一年以内的负债。

对银行流动性的管制是西方金融当局防止银行倒闭的一项极其重要的措施，但要求各不相同。如日本大藏省规定，银行保持的流动性资产不得低于其存款的30%；法国规定银行流动性资产与短期负债之比不得低于60%等。

这一指标值若等于100%，表明流动性资产与流动性负债对应平衡；若大于100%，表明短期资产大于短期负债，中长期负债有部分用于短期资产；若小于100%，表明短期资产小于短期负债，中长期资产占用短期负债。

我国《商业银行资产负债比例管理暂行监控指标》规定，商业银行各项贷款与各项存款之比不超过75%，并对考核指标实行区别对待；对中国工商银行、中国农业银行、中国银行、中国建设银行实行增量考核；对民营商业银行实行按余额考核。

我们应当重视银行资产的适度流动性，加强银行清偿能力的管制。由于村镇银行不能像国有控股银行那样资产倒逼负债增长、银行倒逼负债银行、中央银行"开口子"，所以，银行监督管理应当重视银行资产的流动性问题，督促银行保持一定的现金资产和可以立即变现的资产，保证清偿能力，也防止由于资金周转不灵强制变现时可能遭遇的资本或利息损失。这一管理内容除继续执行已制定的5%—7%的支付准备金（超额储备/各项存款）制度外，中国人民银行要在合理界定流动资产的基础上制定合适的流动资产比例。可以把资产按照流动性划分为非流动性资产、流动性资产和高流动性资产三个层次，分别规定各类流动资产占总存款的比例和要求，据以限制银行的流动性风险，确保银行必要的清偿能力。

在流动性资产与流动性负债的平衡上，村镇银行必须尽快调整其资产结构，增加流动性资产，如短期国债等，加大流动性资产与流动性负债的比例，以避免用更多的流动性负债应付更多的流动性资产，进而减小风险压力。

五　村镇银行信贷风险管理制度

（一）信贷风险识别机制

风险识别所要解决的核心问题，是村镇银行要判明自己所承受的是何种风险，该风险性质归属于何种具体形态，它是风险管理的第一步，为以后的风险量化分析、风险预防、风险处理确定了方向和范围。

一般来说，导致银行贷款出现风险的主要因素有政策因素、法律即合同文本因素、市场因素、信息因素、分析评价人员的主观因素、客观变量因素等。风险分析的目的就是要最大限度地提高信贷风险的透明度，使信贷经营建立在高度透明的风险分析之上。在信贷风险不透明的情况下，信贷经营、审批、监管都是盲目的。因此，必须将村镇银行所面临的潜在风险识别出来，识别风险是防范风险的前提和条件。

村镇银行信贷风险识别机制就是要建立一个分工负责、协调配合的风险识别机制，确定合理的信贷风险分析层次。信贷风险分析层次，从宏观到微观，依次为：国家和地区风险分析、行业风险分析、市场和产品风险分析、借款人风险分析等。首先，由商业银行总行负责，诸如国家、地区风险、行业风险等客观风险的分析、评价。其次，由商业银行总行和其所属分行上下结合进行市场和产品风险的分析、评价。最后，由二级分行和基层行负责微观风险评价，主要是借款人风险。

在风险识别时，要避免陷入一个误区，即竞争越充分的行业风险越大。

(二) 村镇银行信贷风险量化分析机制

商业银行信贷风险量化分析机制是对每笔信贷业务的风险度的大小进行分析。如果说信贷风险识别机制是对信贷风险进行定性分析的话，那么信贷风险分析机制就是对信贷风险的定量分析。对信贷风险的量化分析可以采用概率法、统计估值法、回归分析法等风险估值方法，确定信贷风险的大小。至于如何确定各种信贷风险在什么范围内是比较合理的，村镇银行可以参考《巴塞尔协议》提出的风险权重的计算标准或中国人民银行关于资本成分和风险权数的有关规定及其对商业银行资产负债管理的监管指标等中关于贷款风险权重等项比例指标的规定，来拟定结合本行实际的各项信贷资产的风险权重的计算标准。但是，这些标准的制定一定要尽可能地与国际标准接轨，只有采取与国际接轨的标准来计算，所披露的信息才可能被国际上一些知名的信用等级认证机构，如被标准普尔所接受。只有在获得了这些权威机构的信用等级认证以后，才能更好地参与国际竞争并与国际上知名的银行合作，并获得在国际资本市场上融资的资格。

(三) 村镇银行信贷风险预警机制

银行信贷风险预警机制是指通过一系列技术手段，对借款人进行系统化连续监测，及早发现和判断风险来源、风险范围、风险程度和风险趋势，并发出警示信号。一是在贷款发放前，做好信贷风险的分析和识别工作；二是贷款发放后，要密切监测借款人的经营活动及资金安全状况，随时掌握借款人的财务情况及其他可能影响到贷款安全的因素的变化；三是根据借款人的风险预警，由信贷决策部门进行研究、讨论，并采用各种风险评估方法。最终确定风险的性质、大小和损失概率，进而采取切实可行的措施。

大量经验表明，风险隐患发现得越早，造成损失的比例就越低。国外某一知名银行的统计显示，在贷款决策前预见风险并采取控制措施，对降低实际损失的贡献率在60%以上；在贷后管理过程中，监测到风险并迅速补救，对降低实际损失的贡献率为30%—60%；而当风险暴露以后再进行处理，其效率低于30%。所以，科学的信贷风险预警机制的建立是防范信贷风险的一道重要屏障。

（四）村镇银行信贷风险处理机制

商业银行信贷风险的处理机制主要包括风险预防、风险规避、风险分散、风险转嫁、风险抑制、风险补偿和风险责任等方面。

1. 风险预防

风险预防是对风险设置各层防线的办法。商业银行目前抵御风险的最终防线主要有两条：一是足额提取贷款呆、坏账准备金；二是有足额的资本金。

近年来，为防范信贷风险，美国花旗、美洲等银行在信贷风险防范的基础制度上建立了一种"经济资本制度"管理方法，其主要内容是：在传统的贷款损失准备金之外，再建立一种"经济资本配置"制度，借此防范非预期的贷款损失。经济资本的配置额大小由银行预期贷款损失率和"目标破产率"共同决定。由于有了一般意义上的准备金，再加上经济资本制度的补充，这些大银行就形成了防范信贷风险的一块坚实盾牌。目前，这一方法已得到巴塞尔委员会的认同。

与之相比，村镇银行要尽快增强风险防范能力。一是要通过发行金融债券等方式来补充资本金（人民银行已同意符合条件的商业银行可以通过发行金融债券的方式来补充资本金），使之尽快达到

8%的规定要求。二是要按五级分类的标准来划分贷款的真实形态。要根据贷款五级分类后不良贷款的真实形态，足额提取贷款呆、坏账准备金，以备补偿贷款本息损失。三是借鉴美国花旗等银行的做法。根据预期的贷款损失率和目标破产率，建立一种"经济资本配置"制度，预防非预期的贷款损失。通过这三种渠道，构筑国内银行业的"防火墙"。

2. 风险规避

风险规避是指对风险明显的经营活动所采取的避重就轻的处理方式。例如，贷款风险管理原则中首要的一条就是贷款规避和拒绝原则，所以，风险较大、难以控制的贷款，必须采取规避和拒绝的原则。这主要通过建立健全银行内部控制制度、完善贷款审批办法、推行贷款经营、审批、风险管理责任制度等一系列措施来实现。

3. 风险分散

村镇银行分散风险的方法主要有随机分散和有效分散两种。随机分散是指单靠每种资产数量的增加来分散风险，每种信贷资产的选择都是随机的，在业务正常发展的情况下，利用扩大业务规模来分散风险。有效分散是利用资产组合理论对信贷资产进行优化组合，根据每种信贷资产各自的风险、收益性和相互之间的关系来实现风险、收益的最优组合，这就要求包括村镇银行在内的商业银行在贷款发放时要做到以下五个方面：

（1）控制对单一客户的贷款比例。世界上再好的企业也不可能永远不关门，日本著名的连锁企业八佰伴公司亏损倒闭案、美国最大的能源公司安然公司破产案都证明了这样一句俗语："不能把所有的鸡蛋放在同一个篮子里。"对银行来说，"鸡蛋"就是银行的信贷资金，"篮子"就是借款企业，即不能把所有的银行信贷资金投向一个或为数不多的几个企业，避免风险过度集中。单一客户贷款需求大时，可以采取银团贷款的模式来操作。

（2）控制对单一品种贷款的比例。按照《巴塞尔协议》规定的资产与负债的期限、结构相匹配的原则，根据本行的负债结构来确定固定资产贷款、流动资金贷款、票据贴现等不同种类贷款的比例，以控制资金流动性风险。

（3）控制对单一地区贷款的比例。经济发达地区或某些中心城市经济发展相对较快，银行可以适当增加对其贷款投放。但是，经济再发达的地区也有经营不好的企业，所以，对这些地区的贷款的投放也不可盲目求快，应稳中求快。首先，应考虑借款企业的经营情况、偿债能力；其次，考虑其所处地区的经济发达程度，切不可本末倒置。

（4）控制对单一产业贷款的比例。以防止某些行业出现萧条或由过度保护转为竞争充分时所带来的行业、客户风险。

（5）控制贷款期限。在控制前四类贷款比重的基础上，实行贷款期限的分散，保证资金用途的多样性和期限的安全性、流动性和营利性的搭配与组合，实现资金的有效增值。

4. 风险转嫁

风险转嫁即利用某些合法的交易方法和业务手段将风险全部或部分转移给他人的行为。具体的方法有五种。

（1）出售风险。即将不愿承担风险的资产出售给有能力和有经验控制该风险，并能通过承担该风险获取利益的人，但是，这种模式一般会造成一定的风险损失。

（2）以信贷业务担保的方式转嫁风险。将本应由银行承担的客户风险转嫁给担保人，但是，银行在将风险转嫁给担保人的同时，也承担了担保人的风险。这就要求银行在采取此种方式转嫁风险时，应尽可能地选择那些信誉较好、经营良好的担保单位，以最大限度地降低风险。

（3）和保险公司合作，将贷款办理保险。即将借款人的各种抵押品，由借款人向保险公司投保，将保险受益人权益转让给银行。这些都是商业银行通过与保险公司合作，在付出一定的报酬后，将风险转嫁给保险公司的一种风险转嫁方式。

第六章 村镇银行风险管理目标、方针和制度 / 121

（4）资产证券化。它是指将缺乏流动性的资产，转换为在金融市场上可以自由买卖的证券的行为，使其具有流动性。

（5）合同法律化。为了有效地实现贷款合同的法制化，保护自己的权益不受损害，村镇银行可以聘用律师（也可由内设法规部门的专职法律工作人员）参与格式贷款合同（包括保函、信贷证明、贷款承诺书等文本）的拟定工作，并要求律师、律师事务所或内设法规部门的专职法律工作人员对其所审定的贷款合同承担相应的责任。这样，既可以使银行借款人之间的债权、债务关系更加明确，也可以有效地降低合同风险。这是银行资产风险防范的必要手段和有效措施。

5. 风险抑制

银行贷款的发放，意味着风险的承担，而风险抑制就是在贷款发放后加强对风险的监督，发现问题，及时处理，争取在损失发生之前阻止情况恶化或提前采取措施，减少风险造成的损失。在贷款发放后收回本息之前有一段较长的时间，从借款人出现财务问题到倒闭清算也有一段时间。村镇银行可利用这段时间，以自己作为债权人的有利地位，采取一些抑制风险的措施，以避免或减少损失。风险抑制的手段大致有五种。

（1）向借款单位派驻精通财务知识的客户经理，帮助借款单位搞清财务恶化的原因，并提出解决问题的指导意见。

（2）在发现借款人出现影响经营的异常情况时，立即停止对该客户的新增放款，尽一切努力尽早收回已发放的贷款本息。

（3）追加或变更信誉更高、担保能力更强的担保人。

（4）追加资产抵押。对认为有风险的贷款，银行可以要求将借款公司的资产尽可能多地抵押给银行，用以弥补原贷款和追加贷款的风险。

（5）实行贷款"封闭式"管理。借鉴封闭贷款的管理模式，对有大额订单的流动资产贷款可采取"封闭式"管理模式，监控企业信贷资金专户储存，专款专用，确保信贷资金在一个相对封闭的环境中运行。许多专家在实践中观察到,对一些经济效益相对较差但产品仍有市场的企业,实行单笔流动资金贷款"封闭式"管理,对抑制贷款风险行之有效。

6. 风险补偿

风险补偿是指村镇银行用资本、利润、抵押品、拍卖收入等资金补偿其在某种风险上遭受的损失。一方面,银行在放款时因为对贷款设定有效抵押,当借款人不能按照抵押贷款合同履行偿付本息责任时,贷款银行有权按照协议规定接管、占有、拍卖有关抵押品,以弥补银行的呆账损失。另一方面,商业银行从利润中提取的一定数额的呆、坏账准备金作为信贷风险的补偿手段。为了保障银行经营安全,呆、坏账准备金应随时保持充足。而银行资本金则是商业银行风险补偿的最后手段。在足额提取贷款呆、坏账准备金,通过发行金融债券等手段充实银行资本金后,我们也可借鉴美国花旗等银行的做法,建立一种"经济资本制度",作为风险补偿的一种补充手段。

7. 风险责任

在一笔贷款发生风险后,应由相关人员承担一定的风险责任。贷款调查人员要承担调查失实的责任;管理人员要承担监督不力的责任;检查人员要承担检查失实的责任;审批人员要承担审批失察的责任;风险监控人员要承担监控失职的责任。同时,还要适当给予经济处罚。这不仅可以弥补部分损失,还可以在银行内部约束信贷人员加强信贷风险管理,增强责任感。

六 村镇银行表外业务风险管理制度

村镇银行表外业务风险是指商业银行在表外业务经营中由于各种不确定因素的影响,使实际收益和预期收益发生一定的偏差,从而蒙受损失的可能性。表外业务的风险管理是指商业银行通过风险识别、风险衡量、风险控制等方法,预防、回避、排除或转移经营中的风险,从而减少或避免经济损失,保证经营资金的安全。风险管理贯穿于每笔表外业务开展的整个过程,从业务的准备阶段开

第六章 村镇银行风险管理目标、方针和制度

始，银行就应估计和预测风险程度及其发生的概率值，并据以制定风险决策。同时，随着市场环境的不断变化，对风险的管理也应是动态的，商业银行对风险必须进行连续的再评价，对风险管理的效果进行不断的监督和检查。

（一）建立信用评估制度

加强对交易对手的信用调查和信用评估，避免与信用级别低的交易对手进行交易。在交易谈判中，坚持按交易对手的信用等级，确定交易规模、交易日期和交易价格。有的村镇商业银行对一些期限较长的表外业务，还要求定期重新协商合同条款，避免风险转嫁。

目前，国际上通用的评价方法是表外业务规定风险转换系数。通过信用风险转换系数，将各类表外业务折算成表内业务金额，然后根据表外业务设计的交易对方或资产的性质确定风险权数，再用这些权数将上述对等金额加总，纳入风险资产的范畴。这种方法由英格兰银行于1985年首创。英格兰银行将票据发行便利、循环包销便利等表外业务算作"风险资产"，风险转换系数为50%，此后各国纷纷效仿并不断完善。

（二）以直接信用替代形式风险评价

对表外业务的风险建立一整套机制和测量方法，在定性分析的基础上进行定量分析，确定每笔业务的风险系数，并按业务的风险系数收取佣金，这在一定程度上可以缓和定价风险。例如，美国银行对期限短、风险系数较小的备用信用证所收的佣金率为担保金额的25—50个基点，而对期限长、风险系数大的备用信用证，则收取125—150个基点的佣金率，无追索的贷款出售，收费率较低，只有15个基本点。

（三）建立双重审核机制

自巴林银行破产之后，许多村镇银行都吸取其教训，实行双重审核制度，即前台交易员和后台管理人员，严格分开，各负其责。前台交易员根据市场变化，及时调整风险敞口额度；后台管理人员

则做好跟踪结算。发现问题，及时提出建议或上报，以便及时采取补救措施。

（四）调整会计制度

表外业务具有自由度大、透明度差的特点，但传统的会计原则又不能充分揭示，这是因为，传统的会计原则强调权责发生制、历史成本原则和充分揭示原则。按权责发生制原则，资产和负债都要按过去已发生的交易事项来记载。预计必定有的资金流入和流出，则无法形成资产和负债，不能在财务报表上反映出来。表外业务大多以契约或合约为基础，它所体现的交易都要在未来某一时刻履行或完成，未来的资源流入流出及时间有很大的不确定性，因而无法在财务报表上记载。按历史成本原则财务报表记载的是一种账面成本，而许多表外业务是按市价进行，且常采用柜台交易的形式，难以在市场上找到参考价格，所以，无法及时反映市场价格瞬息万变的情况，也就难以对表外业务的盈亏做出恰当的估计。按充分揭示原则，一个公开发布的财务报告应揭示对报告使用者有重要影响的全部经济信息，而会计记录又必须以信息资料的可以货币化计量为基础，所以，表外业务中许多重要的非量化的会计信息无法充分反映出来。因此，上述会计原则有关表外业务的真实信息被掩盖或扭曲，针对这种情况，国际会计准则委员会对表外业务的会计揭示问题做了一些规定。

（1）在表外业务进行会计揭示时，一般要坚持权责发生制和审慎原则，即只有当收入和利润已经以现金或其他资产形式实现，其他资产也可合理地、确定地最后变为现金时，才能计入损益。

（2）表外业务各项目应在资产负债的正面，合计金额的下端用附注形式反映出来。其中，或有负债通过承诺和背书、担保、保证和作为附属抵押品的资产等来反映；承诺应通过"销售和回购产生的承诺""其他承诺"；利率合约、汇率合约的估价也要反映。

（3）对表外业务中的避险交易和非避险交易有不同的处理方法。避险交易是为减少现有资产、负债、表外头寸的利率、汇率风险而进行的交易。当确认属于避险交易的业务后,应按市价估价,并计入完全交易的全部成本。如果持有的金融工具头寸数目巨大,而补价与现有市价相差较大,对所有市价还应作调整。若是多头,应扣除适当贴水,若是空头,应适当升水。

第七章 制约村镇银行可持续发展的因素分析

村镇银行作为新型农村金融机构,在国内外没有相关发展经验可以借鉴的情况下,只能"摸着石头过河",但是,这必然会出现一定的经营问题,各式各样的矛盾也逐渐凸显和暴露出来。矛盾和问题主要集中在机构运行方面和从业监管等方面。村镇银行要重视存在的突出矛盾和发展"短板",这些问题迟早会暴露,因此,我们要做冷静思考,找出关键所在,对关键问题进行辩证分析后,提出因地制宜的解决措施,才能推动吉林省村镇银行健康有序地发展。

村镇很行可持续发展制约因素大致归纳如图 7-1 所示。

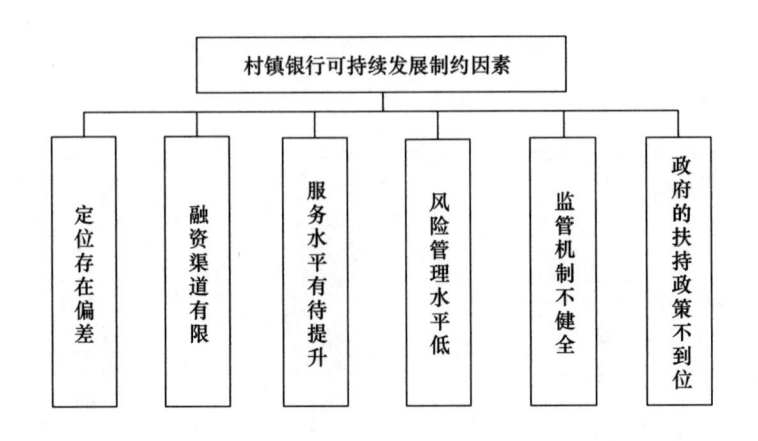

村镇银行可持续发展制约因素
- 定位存在偏差
- 融资渠道有限
- 服务水平有待提升
- 风险管理水平低
- 监管机制不健全
- 政府的扶持政策不到位

图 7-1 村镇银行可持续发展制约因素

第一节 定位存在偏差

村镇银行定位，就是根据村镇银行自身的规模、特长以及竞争对手在市场中所处的位置，针对客户特点，明确细分市场，明确村镇银行所要服务的目标客户。

一 设立区域存在偏差

银监会对村镇银行设立的目的是服务"三农"，建立村镇银行是为了填补农村金融机构单一的空缺，是为了更好地服务县域经济、服务中小企业和农户，这在客观上限定了村镇银行的设立应该深入到乡镇和农村，尤其是边远的农村。但是，从吉林省村镇银行地域分布来看，以较为发达地区和县市为主，仅长春市就有13家村镇银行，扎堆现象严重，偏离了村镇银行设立之初的服务"三农"的目的，而转向商业银行趋利性，已经偏离了设立村镇银行的政策初衷。例如，长春地区某家村镇银行，其8个营业网点全部位于长春市绿园区，该村镇银行的业务开展已经与服务"三农"的定位完全相悖。

二 目标客户定位存在偏差

按照层次划分，农村金融的需求主体主要有农村中小企业和农户，其中，农村中小企业可以划分为龙头企业和小企业两种，农户又可细分为小康型、过渡型和温饱型。龙头企业主要以资源为依托，再加上政府的大力扶持，具有雄厚的资本且信用风险可控，是大型金融机构最受青睐的服务对象。而农村企业中的小型企业，自身资本金不充裕，市场竞争力不足，经营管理风险大，融资难，融资成本高。小康型农户有一定的资金支持，具有一定的规范化经营管理模式；过渡型农户主要从事个体经营、种植业等，具有一定的技术水平，但是，资金较为薄弱；温饱型农户生活主要靠土地维持，生活处于勉强维持水平。

实际上，吉林省大多数村镇银行在选择服务对象时，更多地侧重县域的企业客户和农村中小企业中的龙头企业，导致"傍大户"现象层出不穷，而更需要资金支持的农村小企业和农户却被排斥在村镇银行的门外，这与服务"三农"、服务实体经济的要求格格不入，使村镇银行支农支小的效果不太明显。

三 市场经营策略存在偏差

在经营战略方面，当前吉林省村镇银行遇到不少难题。首先，如何在盈利和责任之间保持平衡。在经营过程中，村镇银行不仅要做到服务"三农"，而且还要保证盈利。其次，如何在服务上取得优势。目前，吉林省农村金融市场上已有农业银行、农村信用社、邮政储蓄，竞争较激烈，因此，村镇银行在农村的发展首先需要意识到并充分考虑到这一竞争情况，其优势需要在成立之初就体现出来，赢得客户的信赖。最后，如何在可持续发展上取得突破。可持续发展就是村镇银行怎样去发挥支农、小额、灵活这些特点，同时如何识别风险、控制风险。因此，村镇银行必须明晰自己的市场定位，明确经营策略，才能促使可持续发展。

第二节 融资渠道有限

村镇银行普遍存在由于成立时间短、规模小所带来的存款吸储困难。村镇银行是小型金融机构，市场容量相对较弱，与大银行和当地的农信社相比，还存在很大的差距，在吸储方面处于劣势。

一 社会认可度不高

吉林省村镇银行还正在成长和发展中，广大人民群众对其还不甚了解。对这样一个新生事物，大多数人还处在观望当中。银行机构原本就是一个信用行业，因此，村镇银行的社会认知度与那些国有商业性银行和成立时间，服务时间较长的农村信用社相比，还有很大的差距。所以说，吉林省广大农村地区对村镇银行的认可和接受是需要一个过程的。

村镇银行还在发展当中，村镇银行以信贷业务为主，最重视的就是存款信誉。吉林省部分农村地区一般发展比较落后，农民的文化水平比较低，对于新生事物的接受能力和理解能力相对缓慢。由于农民的收入不高，闲置资金较少，再加之对于村镇银行持怀疑或者不信任的态度，导致村镇银行的存款信用不足。以松原市村镇银行为例，不少城乡居民对于其存在的合法性感到质疑。银行是财富的象征，自己身边的人突然成为银行的股东或老板，他是否有足够的财富来支撑银行，自己的钱存在这样的小银行是否安全等一系列的疑问出现了，大部分农民还是表示将钱存入国有商业银行更加有信任感。对吉林省部分农村的抽样调查结果也验证了上述问题，79%的人认为，村镇银行属于"杂牌军"，没有国家作为后盾，经济实力有限，出于安全考虑不愿意把钱存入村镇银行。这其中有35%的民众愿意把钱放到国有商业银行中，25%的民众愿意把钱放在实力强大的邮政储蓄银行或农村信用社中。还有9%的民众愿意把钱存在村镇银行帮助其发展，另外1%的民众则是为了获得贷款优惠而选择村镇银行。

二 辐射能力不强

作为银行类金融机构，资金的流动是银行生存和发展的不竭源头。随着吉林省经济快速发展和政策化的导向，银行的商业化改革在逐步进行。作为金融市场中一种营利性的商业机构，银行的发展当然是要以盈利、低风险、信贷资金周转为前提。而对于服务于"三农"发展的村镇银行来说，显然是与农民融资特点不符的。由于利益的趋势和经营的压力，一部分农村金融机构不愿贷款给农民，使一些新型农村金融机构出现了一些资金外流、服务非农的商业化现象。这就违背了新型农村金融机构为满足农村金融市场的初衷。根据调查，在日常生活中，吉林省农民主要有以下三种融资方式：一是通过情感维系的人脉圈筹措资金。这种方式成本最低、最为方便达成。通过自己在日常生活及家族的信誉积累，即可筹得资金，偿还压力较小。二是通过非金融机构进行融资贷款，通过地下钱庄或涉黑高利贷。这种方式风险较大、利息较高、偿还压力较大。三是向金融机构贷款，而新型农村金融机构的贷款程序复杂，又缺少系统完整的农户信用评价体系，农民宁愿向亲朋好友借款，也不愿去新型农村金融机构贷款。

截至 2017 年年底，已成立的吉林省村镇银行大多数设立在县城及县级以上地区，这使农村居民对村镇银行缺乏足够了解，同时吉林省村镇银行现代化手段较少，柜台服务以外的金融服务手段匮乏，也影响了村镇银行的辐射能力。由于银行规模和业务种类的限制，吉林省村镇银行没有足够的资金来源，没有一定规模的贷款投放，所以，很难营利和实现可持续发展。

第三节　服务水平有待提升

村镇银行的人员结构和综合素质参差不齐，村镇银行本身也是处在不断寻求完善与发展的阶段，加之村镇银行所处的特殊环境，因此，服务水平相对较低。

一　产品单一

在金融产品服务方面，村镇银行具有一定的地缘性，服务范围面向广大县域，这就会受到地区自身条件和经济发展的制约。绝大多数村镇银行与国有商业银行的服务产品基本相同，只限于一些基本的存款业务、贷款业务和票据贴现业务，相应的理财产品等业务均未涉及。在通知中规定的一些特有的优势服务项目的金融产品也未能发挥其优势，大多形同虚设。村镇银行的金融产品还是更多地倾向于营利性的商业贷款及农业方面。对农村人民的生活需要资金需求，如住房、红白喜事等还是无法满足。这使本应该成为村镇银行的优势金融产品没有凸显其优势。村镇银行难以为客户提供符合实际需求的金融服务，缺乏竞争优势。

二 人才缺乏

从行业整体来看，吉林省村镇银行从业人员素质良莠不齐，整体水平偏低。由于普通群众对村镇银行的不了解，导致一些高素质的复合型专业人才引进困难，管理人才身兼多职，无法满足业务需要，对柜员的专业性和业务能力也有一些质疑。部分员工缺乏系统的金融专业知识，操作技能较差。与此同时，村镇银行将大部分时间都运用到机构的内部组建上，对专业的培训未能及时跟进，这就大大削弱了村镇银行的核心竞争力，不利于吉林省村镇银行的可持续发展。同时，对于村镇银行的业务人员和管理人员，应有足够的战略发展眼光和前瞻性，只拘泥于经营模式和服务思维，不能充分发挥相对优势，金融服务质量和效率是不能适应农村经济发展需求的。

第四节 风险管理水平低

村镇银行的风险控制能力普遍较低，这使之暴露在巨大的风险敞口下。村镇银行风险管理水平低，主要表现在以下三个方面：

一 信用风险管理

信用风险又称违约风险，其产生的原因有贷前调查失误、贷时审查失误、借款人经营失败等。村镇银行的主要客户是小微企业和农户，而这些客户往往缺乏信用记录，致使财务及产业系统评估不透明。所以，村镇银行普遍采取回避的方式来规避信用风险。村镇银行工作人员会存在贷前调查漏洞，如贷款资金的用途不明及担保人能力分析不足等。同时，有些村镇银行相关信贷档案中没有附上贷后检查报告，而贷前调查报告内容也比较简单，对借款人的经营及财务情况分析不到位。

二 流动性风险管理

村镇银行流动性受限于其较低的吸储能力，而农业的季节性易造成贷款人与存款人同时"挤兑"的局面，村镇银行的流动性风险识别、度量和监测均较弱，流动性风险管理体系缺乏，使董事会及相关经营层面面临巨大的风险管理挑战。在实际调查中发现，吉林省鲜有村镇银行建立流动性风险系统适时监测拆借资金比例、净拆借资金比例、超额备付金率、存贷款比例、流动性比例等重要流动性指标。同时，村镇银行也缺乏与资金负债相关的管理机制。应急方案也是村镇银行的管理弊端，其中，最明显的就是流动性危机的相关处置措施。

三 操作风险管理

操作风险是指由于人员、系统及外部流程所致的风险，从内部体系来看，受到硬件设施、管理能力、技术发展等多重制约，村镇银行操作风险严峻。同时，村镇银行信贷的内部操作风险包括道德风险、运营风险及决策风险。从外围来看，银行操作风险表现为两种主要形式：第一，由于经营危机导致的借款人客观信用风险；第二，由于借款人或者其他相关主体的不良意愿，采取不正当手段，诈骗贷款资金而引致的风险。

第五节 监管机制不健全

村镇银行是区别于国有商业性银行的金融机构，与其他以经济效益最大化为目标的金融机构有着本质的区别。吉林省村镇银行存在的普遍问题与监管方面的疏忽有着很大关系。一个运行机制如果监管部门不规范，那么就很容易出现问题，防御风险的能力也会较差。现阶段吉林省村镇银行的监管机构还是出现了一些问题，影响着农村金融市场的建立和发展。

一 监管力量严重不足

监督环节不容忽视，而监督力量的大小则由监督人员的多少而决定。现阶段，吉林省农村金融监管办公室每个县的监督人员仅3

名左右，并且监管办公室的监管对象主要是之前的商业银行或农村信用社，对新型农村金融机构的监督相对较少。并且，由于新型农村金融机构发展还尚不完善，一些地区的相应监管机构还没有成立起来。这使一部分金融机构在农村市场还处于"裸奔"状态。由于新型农村金融机构是一新生事物，没有相关的经验和总结，因此，对其监管是比较困难的。监管力量的不足，使监管机构形同虚设，这样，不利于新型金融机构的良性发展循环。

二 缺少专门的监管办法

由于吉林省村镇银行是新生事物，没有相关的经验和总结，因此，对其监管比较困难。村镇银行是区别于国有商业性银行的金融机构，与其他银行以经济效益为最大化的金融机构有着本质的区别，很显然，将其他银行对应的监管方法生搬硬套过来是不合适的。应该根据实际情况分析归纳总结，找到相应的、可行的监管办法，促进村镇银行的良性发展。

三 监管链条过长

国有银行及城市金融体制主要分三级进行监督管理，分别是国家、省和市。吉林省村镇银行是根植于农村地区的，如果按照这样的分级管理模式，则还需要有区、县、镇等甚至更低层次的分级。这样就导致监管链条过长。链条过长对管理的效率有着很大的影响，在上传下达上会浪费最有效的监管实效，往往会造成上传下不达的情况，导致监管力度的削弱。另外，这样的监管模式会造成监管成本过高。没有根植于具体情况的监督管理如纸上谈兵，不利于村镇银行的发展。

第六节 政府的扶持政策不到位

政府的扶持性政策对于村镇银行的发展具有举足轻重的作用。通过村镇银行近几年的发展来看，政府对于村镇银行的支持力度还不够，主要表现在税收机制以及货币政策支持上。

各省份政府没有对村镇银行在财政税收方面给予相应的财政补贴和奖励扶持政策。《中央财政新型农村金融机构定向费用补贴资金管理暂行办法》规定，对上年末存贷比高于50%且达到银监会监管指标要求的村镇银行，按其上年贷款平均余额的2%给予补贴。而该政策在多个省级政府的实际操作中大大缩水，基本没有给予相应的奖励扶持。

现阶段，吉林省村镇银行的法定存款准备金率比照当地农村信用社执行。农村资金互助社暂不向中国人民银行缴存款准备金。吉林省村镇银行执行的存款准备金率水平还应该进一步降低。对村镇银行发放支农再贷款的扶持力度不够。

第八章　国外农村金融组织风险管理经验及借鉴

制度是最重要的，包括发达国家在内的其他国家在农村金融制度建设方面有很多经验，尽管各国的国情不尽相同，但是，在农村金融制度的完善、防范农村金融风险方面，各国的目标基本还是一致的。这可以为我们提供很多参考和借鉴。

第一节　发达国家农村金融组织风险管理

一　德国农村金融组织风险管理
（一）德国农村金融制度

德国实行以综合银行为主体、特殊银行为补充的银行体系。综合银行是指能够从事存贷款、保险等各类金融业务的全能性银行；特殊银行是指专门从事某方面业务或专门为某行业服务的银行，业务范围较窄。在农村金融领域，德国是欧洲农业信用合作的发源地，因此，德国农村金融业是以合作金融为主体。经过长时期的发展，德国形成了具有三个层次的特色合作银行体系，独立的企业法人掌控着每一层机构：第一层次为全国合作金融组织的中央协调机关——德意志中央合作银行；第二层次为地区性合作银行，主要有SGZ银行、GZB银行和WSZ银行三家；第三层次是基层合作银行，德国大概共有2500家这种能够直接从事农村信用合作业务的银行。

（二）德国农村金融组织风险管理

1. 健全的资金融通系统，保证了农村金融体系资金的流动性和效益性

在资金融通方面，德国主要依赖合作银行体系调剂或借入资金。如地方合作银行将内部富余的资金存入区域性合作银行，这一比例一般为70%左右，后者可以再将多余资金存入中央合作银行。此外，农村金融机构主要采用两种办法来进行资金融通：一是联邦中央银行向地方银行提供再融资业务，当地方银行资金匮乏时，可快速、足额地从区域性合作银行或联邦中央银行借到资金；二是联邦中央银行能参加地方合作银行的贷款项目，倘若项目贷款金额过大，地方合作银行承担不了时，联邦中央银行将积极参与。各银行有自己的结算系统，都加入全国银行系统结算网络，系统内的结算业务通过系统联行进行清算。

2. 强有力的审计系统确保农村金融体系稳健发展

德国的合作社等农村金融机构每年都要接受行业审计协会的检查，不能通过者将会受到相应处罚。德国农村金融组织和审计协会有一支强大的审计队伍，在全国联合会，有100多万名专业审计人员，其任务就是对农村金融机构进行审计和检查，其中主要的精力是对合作银行进行审计。联合会和协会虽然是农村金融行业的自律组织，不是政府部门，但其职能是受政府有关部门的委托，依法进行审计。对农村金融机构的审计是在联邦金融监管局的委托下进行的，审计依据商业银行法和合作社法，审计内容既包括对贷款、资产负债情况以及收益等业务情况，也包括对农村金融机构的日常经营管理状况，如主要管理人员的管理能力、经营行为、规章执行情况等。而一旦发现问题，审计协会有一定的处置权和建议权。严格的审计制度保证了农村金融机构的依法经营和健康发展。

二 日本农村金融组织风险管理

（一）日本农村金融制度

日本的农村金融体系包含政策性金融和合作金融两个组成部分。

日本主要的政策性金融机构是农林渔业金融公库，它是唯一一个为从农林渔业到食品产业融资负责的政策性金融机构，主要对土地改良、造林、建设渔港等基础设施融资，以及支持农业改良资金的融资、农业现代化投资、对国内大型农产品批发市场设施提供贷款等问题进行分析。农林公库的贷款通常委托农协组织代办，采取付费方式避免直接办理。同时，其贷款利率会因工程性质和贷款种类的不同而有所调节，但总体上要比民间金融机构优惠很多，而且贷款的偿还期限也较长。

日本的农村合作金融主要是农协系统。农协系统主要由三部分构成：一是农林中央金库。为农协系统的最高领导机构，它在全国范围内对系统内部资金进行调剂、融通、清算，并按照相关法律规定支配使用资金。它还指导信用农业协同组合联合会（以下简称信农联）的工作，并为信农联提供相关服务咨询，也是农协组织与其他金融机构之间以及各级农协内部融通资金的重要渠道。二是信农联。属于合作金融的中间层面，主要职责是协助基层农协进行资金管理以及在全县范围内对农业资金进行调剂和结算。三是农业协同组合。它们直接与农户发生信贷关系，它主要为农户办理吸收存款、贷款和结算性贷款等业务，并从事保险、供销等其他业务，而且不以营利为目的。

（二）日本农村金融组织风险管理

日本农村金融机构和监管机构都非常注重农村金融风险的防范。

1. 农业信用保证制度的设立，可以有效地对农协经营损失进行补偿

日本农业信用保证制度是由全国47个都道府县先后成立的农业信用基金协会实施的信用担保制度和农林渔业信用基金实施的信用保险制度组成的，它在日本农村金融体系中发挥着至关重要的作用。信用担保制度于1961年建立，目的是解决农民向金融机构贷款时面临的担保不足的问题，以保证贷款业务的顺利进行。而信用保险制度于1966年成立，它既对基金协会的债务担保提供相应的保险

业务，还对基金协会提供一些低利率的贷款，从而减少基金协会的经营风险，增强基金协会的担保能力。

2. 建立相互援助制度

相互援助制度是一种合作信用保障制度，该制度是由从事农村信用业务的农协自发建立的，是农协对自身信贷业务的一种自我保护方式。该制度以农协金融业务本身作为保险对象，而非农民的个人存款。当农协在经营过程中出现困难时，可利用该制度借入一定数量的低息贷款，这种融资主要分为再建性贷款和紧急性贷款两种形式。前者主要是提供用于金融业务再建的资金短缺问题，而后者主要是用于解决农协一时性的流动资金不足问题。相互援助制度的资金主要来源于农协体系内部，即农协信用部门的准备金和来自农协系统的特别基金。

3. 完善的农业灾害补偿制度

农业生产活动受到自然条件特别是气候变化的影响较很大。为此，通过专门的保险对各种自然灾害进行经济补偿是保证农业再生产正常进行的一项非常必要的工作。受此影响，日本建立了农业灾害补偿制度。日本农业灾害补偿制度包括的范围非常广，同一般的商业保险很相似，农民必须首先向保险机构缴付一定数量的保险金，而这将作为后者灾害保险的原始资金，一旦发生自然灾害，可以对收入的减少部分进行相应的经济补偿。对农业灾害补偿的机构不是纯粹的商业保险机构，而是由地方政府和农协的一些县级机构共同组建的半官半民的组织。

三　法国农村金融组织风险管理

（一）法国农村金融制度

法国是世界上最早设立农村金融体制的国家之一，19世纪，法国曾经颁布《土地银行法》，关于支持建立各种形式的农村信贷机构，包括农业信贷公司、农村信用社、地区合作银行等，以促进和发展农业生产的相关问题。1920年，法国建立起本国第一个农村官方金融机构——国家农业信贷管理局，目的在于加强对地方金库和区域金库的管理。之后，该机构改名为法国国家农业信贷金库，并与全国94个省农业互助信贷银行联合形成了法国农业互助信贷银行。当前，法国农村金融形成了由大众银行、法国农业信贷银行、法国土地信贷银行、互助信贷联合银行和农业保险构成的农村金融体系。法国的农村金融体系属于国家控制式金融模式，金融机构的运行都是在政府主导下进行的，并受到政府的严格管理和监督。

1. 统一独立的农业金融支持体系

法国没有全国性的信用联社，而是以中央合作银行为主建立的独立于商业银行体系的农业合作金融体系。法国过去以小农经济为主，高利贷现象十分猖獗。为了抵制高利贷和筹集农业发展资金，政府于1895年建立了第一批农业互助信贷合作社，此后逐步建立了地区合作银行和中央合作银行，从而形成了完整的农业信用合作体系。

2. 合作金融与政策金融相统一

法国农村合作金融体系在地方合作银行或地区合作银行层面，严格按照合作经济原则组织管理。在中央合作银行层面，由于其具有商业性和行政性，董事会成员来自政府、议会以及省行。在信息传递方面，可以把基层组织的问题和困难直接反映到议会和政府，同样可以便捷地将政府和国家的政策转达给基层信用社，在资金筹集方面，可以利用政府和国家的信用通过多种融资方式扩大农业资金的来源。而利用国家信用扩大农业发展的资金来源本身也是政策性金融的重要内容，从而使政策金融与合作金融有机地结合在一起。

3. 特有的组织模式

建立三级法人制度，由地方合作银行、地区合作银行和中央合作银行组成。这种模式通常被称为半官半民的"两节鞭"模式。这种模式既有利于基层金融机构自主经营，又利于政府对农村金融的监管。

(二) 法国农村金融组织风险管理

1. 强化流动性风险的管理

为了筹集稳定的长期信贷资金，法国农业互助信贷银行在中央银行和政府的大力支持下,通过发行债券筹集农业发展资金,这笔资金占筹资总额的15%左右。债券分为两类:一类由政府担保,向金融机构发行,期限分为10年、20年不等;另一类由中央银行担保,向农民发行,期限分为3年和5年。债券发行属于总部的筹资业务,各省行代理发行,并可获得一定的利差收益,以提高债券发行的积极性。而且,总部持有一定数量的股票,在证券交易市场交易中,所获收益也用于支持农业的发展。

2. *严格的贷款审批制度,加强信贷风险管理*

在贷款方面,法国农业互助信贷银行把资助农业发展作为自己的中心任务,经过长时间的探索,已经形成了比较稳定和完备的贷款体系。在贷款审批方面,法国农业互助信贷银行具有独特的贷款审批制度,其特点主要有以下三个方面:第一,设立专门的贷款审批机构。在总部、省行和基层社都设有信贷委员会,专门负责贷款审批,除小额贷款可以由职能部门直接批准外,其他贷款都要经过各级信贷委员会讨论共同决定。第二,明确各部门的贷款审批责任。信贷员接到贷款申请后,要从事实、安全等方面严格审查,而且需要对审查事实负责;信贷部门在信贷员初审的基础上进行复审,并由信贷职能部门负责人做出最后决策。第三,明确划分贷款审批期限。凡短期贷款超过130万法郎、中长期贷款超过250万法郎的,均需要报风险委员会和总部贷款委员会审批。

3. *基层合作社的董事会成员不拿工资,防范道德风险*

基层社董事会成员不拿工资,既有利于体现农村合作金融民主管理和非营利性的本质特征,也有利于防止董事会成员为追求自身利益的最大化而做出损害其他社员利益的行为。

四 美国农村金融组织风险管理

(一) 美国农村金融制度

美国的农村金融制度属于一种多元复合型模式,主要包括政府主导的农村政策性金融信贷体系、农村合作金融体系和农业保险体系三部分。20世纪初,私营机构提供了绝大多数美国农业信贷资金，但是，由于私有资本的有限，这导致农村信贷资金供给不足，而且期限较短。美国政府于1916年制定了一系列农贷法律，建立政府主导的农贷专业银行及其基层机构，建立农村信贷系统。其主要目的是扩大农业资金的来源，改善农民福利和工作条件，加快农业发展。

当前，美国农村金融已经从整体上形成了多层次、全方位的体系，通过政府补贴、增加农业贷款等各种渠道，为农业发展筹集资金，满足农村发展需要的各种资金，为农业现代化提供资金保障。美国的农村金融制度属于复合信用型模式，其特点可概括为两个方面：第一，关于金融组织体系，其体系成功地使金融机构合作性、政策性与商业性共同存在。第二，关于提供农业信贷资金的机构，不仅包含专业的农村金融机构，也包括其他类型的金融机构。

（二）美国农村金融组织风险管理

为了保证农村金融组织的健康和持续发展，美国采取了不同于一般商业银行的管理模式。作为世界上金融最为发达的国家，美国在农村金融制度的设计以及风险管理方面有很多独特之处。总的来说，美国农村金融风险管理体制具有特点三个方面。

1. 独立监管

美国信用社与商业银行分别属于不同的监管体系。1970年之前，信用社等农村金融组织为联邦政府相关部门（如农场信用管理局、教育卫生部等）的下属机构监管。1970年，美国国会立法专门设立美国信用管理局，负责对信用社行使监管职能。这个部门主要负责联邦信用社法案的执行，并负责全国信用社等农业金融组织提供存款保险的服务。同时，各州政府将根据实际情况，安排出特定的机构维护日常的监管工作。当前，农业信用管理局将同时负责和管理所在区的全部信用合作机构，委派管理人员进行监督，以及参与政策制定等，以确保信用合作社业务经营趋于规范化、有序化。

2. 完善的风险咨询服务

美国信用社协会是为信用社等农业金融组织服务的联合社团，

包括地区分会、州协会和全美信用社协会三个层次。全美信用社协会于1934年创立，各信用社及其社员权益将由州协会负责代表。并且能够向国会进行游说，通过争取可以获得立法以及政府相关政策的支持。按照分工不同，将协会与联社分开：资金融通、投资代理、证券托管、风险监控等经营性服务是由联社为其社员信用社提供；协调公共关系、进行职业教育、政策分析等非经营性服务由协会代表会员信用社分管，协会附属经营机构（如战略服务公司、相互保险集团等）也为社员信用社提供技术支持、风险管理咨询等经营性服务。

3. 完善的保险制度

美国农村金融保险主要由两部分构成：一是美国信用社存款保险基金。该基金可以为信用社提供存款保险，用来保护广大存款人的利益。美国信用社法规定，所有的联邦信用社必须参加该基金。此外，大部分州注册的信用社也都自愿参加了该基金。存款保险基金不仅可以为信用社提供服务，还肩负了相当程度的监管职能，是金融监管工作的组成部分。二是美商储蓄相互保险集团。它是为信用社提供保险服务的商业性保险公司，其主要业务是通过为信用社提供各种保险产品，达到保护信用社资金、财产等资产安全的目的。它的存在，对美国农村金融的发展起到了重要的风险保障和损失补偿作用。

第二节　发展中国家农村金融组织风险管理

一　印度农村金融组织风险管理

（一）印度农村金融制度

在20世纪初，印度的农村金融业务刚刚起步，在近百年的发展中，印度金融体系已经将农村金融体系列入重要组成。信用合作社是农村金融的主要组成部分，现在印度90%以上的农村地区建立了信用合作社，50%以上的农业人口加入了信用社。印度农村具有鲜明多层次性化，各个机构之间具有相对不同的分工和合作的金融体系，包括印度储备银行（主要负责监管和协调）、印度商业银行、农业信贷协会、土地发展银行、地区农村银行、国家农业和农村开发银行、存款保险和信贷保险公司。除直接为农村提供金融支持外，印度还建立了相对完善的监管、保险和间接支持体系，为农村金融体系的健康发展和高效运作打下了坚实的基础。如在1982年，印度国家农业和农村开发银行正式成立，其主要职能是为信用合作机构、地区农村银行以及从事农村信贷工作的商业银行提供再融资服务。

（二）印度农村金融组织风险管理

1. 建立存款保险制度

印度是较早建立存款保险制度的发展中国家之一，并且已形成了较为完善的管理模式，成为发展中国家的典型代表。印度于1961年颁布实施了《存款保险公司法》，并在此基础上于1962年建立了印度存款保险公司，是印度储备银行的附属机构，专门负责印度存款保险业务。后来，印度存款保险公司兼并了印度信用担保股份有限公司，接管了其所有的资产和负债，并承担了担保业务，包括金融公司担保、小额贷款担保。印度存款保险制度采用强制投保方式，最初只有国有商业银行、外国银行在印度的分支机构具有加入存款保险体系的资格，而合作银行和农村地区的银行被排除在外。1968年通过的《存款保险公司法修正案》允许合作银行享有同等的参保资格；1976年《农村地区银行法》的实施，使农村地区银行也加入到存款保险体系。

2. 提供免费咨询，强化信贷风险管理

各金融机构对农民提供技术培训和信息咨询。银行在农村的网点通常招收或聘请一些农业技术人才，负责为农民和农村企业生产经营活动提供有价值的市场开发服务，为农民和农村企业提供必要的培训，这些都是免费或低收费的，从而达到降低信贷风险、提高农民收入水平的目的，也使农民更清楚有效地利用所借到的金融资源。

3. 印度的农村金融法律较为健全

为了确保农村金融系统的安全，印度在《印度储备银行法案》《国家农业农村发展银行法案》《地区农村银行法案》等法律文献中，都对金融机构在农村金融地区设立机构网点、提供农村金融服务、贷款流程管理、内部结构设置、风险预警等做出规定和要求，使其更好地为农村服务，减少违规事件的发生，实现农村金融的健康发展。

此外，为了发展农村金融服务，在金融监管方面，印度监管当局采取了诸多强化监管的相关政策，使不同类型的金融机构在农村自由运作的同时，也保障了各项金融业务的正常开展。

二 孟加拉国乡村银行风险管理

（一）孟加拉国乡村银行制度

孟加拉国乡村银行，也称格莱珉乡村银行（Grameen Bank, GB），自创立以来，推行了贫困农户小额贷款的模式，取得了巨大的成功，并引起了全世界的广泛关注和效仿，其创始人穆罕默德·尤努斯也因此赢得了穷人银行家的美誉。

1976 年，尤努斯在发放第一批贷款并成功收回后，开始了由孟加拉国中央银行资助的试点项目。7 年后，《特别格莱珉乡村银行法》通过，使试点项目变成了一个独立的金融机构。其后，格莱珉乡村银行得到迅速的发展。到 2008 年 8 月为止，格莱珉乡村银行拥有分支机构 2529 个，借款人 756 万（其中，97% 是女性），并为覆盖孟加拉国 99% 的 82994 个村庄提供了贷款，总计发放贷款总额 72 亿美元。其中，已经偿还 65 亿美元。据统计，2007 年 9 月至 2008 年 8 月，格莱珉乡村银行累计发放贷款 8.36 亿美元，月均发放贷款 6970 万美元，而其贷款偿还率高达 98%（Grameen Bank, 2008）。

（二）孟加拉国乡村银行风险管理

1. 扶持对象

主要针对农村贫困人口，尤其是贫困女性。尤努斯认为，女性在孟加拉国的社会中处于弱势地位,更需要外界的帮助以改变自己的贫困状况。而且对家庭更有责任感,她们会积极地利用已获贷款改善家庭经济条件,摆脱困境。

2. 组织结构

格莱珉乡村银行拥有层级的组织结构为设在首都的总行—设在各地的分行—分行之下基础组织(支行)。格莱珉乡村银行的借贷服务主要通过支行与借款人组成的乡村中心进行联系。借款人以村为范围,每5人组成借款小组,以6个小组为单位组成一个乡村中心。支行在财务上独立,自负盈亏。

3. 风险管理与监管机制

格莱珉乡村银行采取没有担保、没有抵押的信用贷款制度,主要依靠对村民的信任和激励来进行风险管理。这种模式取得了一定成功,但不能有效地解决"风险扩散机制"问题。2000年后,格莱珉乡村银行推行了"广义化推广模式",各小组成员之间不再承担连带担保义务。

4. 采用互相监督和激励的措施

格莱珉乡村银行规定,乡村中心必须定期(一个星期)召开一次会议,主要是进行集中贷款业务,同时,会员之间交流各自的资金使用情况和还款计划,在各个小组成员之间形成互相监督和激励的机制。

5. 放贷与还款

格莱珉乡村银行实行利率市场化,即根据市场情况,自行决定利率水平,实际利率为10%的高利率。小组贷款则采用"2+2+1"的贷款次序,即小组中最贫穷的两人可优先申请贷款,然后除组长外的另外两人,最后贷给小组长。还款模式采取"整借零还"的分期还款方式。2000年,改革以后的格莱珉乡村银行模式中,借款人的还款模式发生了很大变化,借款人不但可以分期非等额还款,还可以提前还款,甚至允许一次性提前还清贷款;对借款额上限则进行了一定限制和控制。格莱珉乡村银行独特的经营与风险控制模式，是其能够取得成功的重要原因，格莱珉乡村银行的贷款基本上是面向没有正式、有效抵押物的低收入甚至是贫困人群，因此，灵活的抵押担保替代形式成为为目标群体服务的关键因素之一。格莱珉乡村银行通常对抵押的替代是组成连带小组。建立小组承担本小组成员还款连带责任是给小组成员提供贷款的基本条件，小组成员互相担保各自的贷款，通过强制储蓄和连带小组之间的压力等间接的抵押担保形式控制风险。

三 国外农村金融组织风险管理的经验借鉴

由于国情不同，其他国家在农村金融风险管理方面不尽相同，但是，一些组织和架构的特点，值得我们去总结和学习，这对于改进我国农村金融制度，具有重要参考价值。

（一）农村金融组织具有明晰的产权关系

产权清晰是企业能够独立于农村金融地区，为农业发展提供优质服务的基础，有助于调动农村金融组织的积极性。清晰的产权有利于完善法人治理结构，强化金融组织的内部管理，具有明确的服务方向和目标。无论是作为发达国家的美国、德国、法国、日本，还是作为发展中国家的印度，其农村合作金融组织都具有产权关系明晰、法人治理结构完善的特点。从微观角度看，只有产权清晰后，经营者才有积极性去提高管理水平，防范金融风险，减少损失。

（二）加强农村金融组织资金的流动性管理

资金是发展农业生产不可缺少的要素之一，农村资金大量外流直接影响到农村资本积累和投资，并关系到农民收入提高和农村经济社会的不断发展。在市场经济条件下，生产要素会自然地从弱势部门流出，并进入到回报率高的部门。由于农民是弱势群体，农业是弱势产业，市场化的结果必然导致部分资金从农村流出。因此，为了发展农业经济，就不能仅仅依靠市场化的手段，同时要发挥政府的积极作用，通过严格控制贷款使用来防止农村资金大量流出农村。美国为规范农业信贷问题，把全国划分为12个农业信贷区，并设立农业信贷专业银行，它们在农业信贷管理局的监督下独立运营，从而有效地实现了农村信贷的独立性，并防止了商业机构可能将农业信贷资金转移到其他行业。其他国家，如印度对信贷支农也有非常严格的规定，目的是防止农村信贷外流，加大对农业资金支持。法国农业信贷银行根据不同时期的政策，做出适当的调整，以更好地为不同时期的农业发展而服务。

（三）市场定位准确恰当，降低外部竞争风险

我国村镇银行必须牢牢把握为"三农"服务的宗旨，而且目标瞄准小额贷款农户和小企业，具有明确的市场定位，把业务的目标瞄准这一目标市场而不能放松。美国社区银行的主要目标客户是其经营所在地的家庭、中小企业（尤其是小企业）和农户，而大商业银行则以服务大中型企业客户为主。社区银行与大银行的市场定位明确，争夺的客户交集很少，尽管可能存在一些重叠，但对彼此来讲，它们在对方领域都不会形成比较优势，因此，也不存在激烈的冲突，正是这种市场补缺和避免竞争战略，使社区银行的市场业务准入不会面临大商业银行的威胁，大大降低了外界因素对社区银行造成的外部风险。社区银行本身就是中小企业，在其发展过程中会面临很多与其他中小企业相类似的问题，这就增加了社区银行对中小企业客户信息的了解，有助于两者之间建立长期的合作关系，同时社区银行与中小企业的规模也相当匹配，这也有助于促进双方的业务合作。社区银行明确而恰当的市场定位，尤其是与其他银行等金融机构的市场定位差异，使之能够在准入、占领和保持巨大的中小企业和社区居民客户市场方面赢得显著的优势。

（四）多管齐下，多重措施并用，降低信用风险

从信息经济学角度来讲，贷款风险主要缘于银行掌握的信息与企业真实信息之间的不对称。美国的社区银行，具有得天独厚的地区优势。社区银行与大型的商业银行相比，在收集客户信息方面更具有优势，这对开展高风险的中小企业贷款是十分重要的。社区银行的中高层管理人员也经常主动地与该行客户直接接触，社区银行

的董事会成员以及其他工作人员融入客户与该社区居民的生活,熟悉周边环境,与社区居民密切交流,拉近了与客户之间的距离,无形中也获得了许多对社区银行发展的重要的相关信息。社区银行能够利用其自身的信息优势来弥补授信过程中的信息不对称。同时,社区银行的信息优势使其具有较强的风险识别能力,提高了社区银行风险防范的能力。"五人小组"担保方式,降低了格莱珉乡村银行的信用风险。格莱珉乡村银行以"五人小组"为基础,要求同一社区内社会经济地位相近的贫困者在自愿的基础上组成贷款小组,相互之间帮助选择项目,相互监督项目的具体实施,相互承担还贷责任。这一制度的制定与实施,促进了小组成员之间的相互监督,并形成了利益共同体,保证了所发放贷款的安全性,它也因此成为格莱珉乡村银行最为经典最为成功的模式。在五人小组基础上建立中心,中心每周在固定地点与银行人员接洽,这样一来,格莱珉乡村银行就把部分组织成本转移到了小组,从而减少了交易成本和信息不对称的状况。在格莱珉乡村银行,借款人同时是银行的存款者,也是银行的股东。对于借款人来说,他们每周偿还小额的贷款,同时存入金额更小的存款,这是一个改善他们财政状况的重要环节,也是增强还贷意识的重要举措。一年后债还清了,他们可以借更多,同时又有一笔存款可以动用,这就会使他们一步一步地脱离贫穷线。

(五) 发达健全的农村金融体系

国外经验表明,国外的农村金融体系一般包括农村政策性金融体系、农村合作金融体系和农业保险体系三大部分。它们相互补充、相互促进,共同促进农业的健康发展。在印度,既有合作机构,如土地开发银行为农业的发展提供不同类型农业贷款,又有政策性金融机构如地区农业银行为农业发展提供贷款。而在美国的多元化农村金融体系,内部金融机构除在相互竞争中谋求生存之外,更重要的是,彼此之间在分工中实现互补,保证了美国农业的稳定发展。美国互助合作性质的金融机构建立之后,逐渐取代了商业金融在农业信贷中的地位,特别是在中长期信贷中有明显的优势,但是,商业金融在短期农业信贷中仍占重要地位。此外,还设有政策性金融机构,包括农民家计局、商品信贷公司等机构,来推行政府的农业政策,满足农业发展的贷款需求。最后,几乎所有国家都存在农业保险制度,由于农业的弱质性和生命周期较长等特征,农业保险也是各国支持和保护农业的重要手段。日本早在20世纪20年代末就颁布了相关法规保护农业发展,经过多次修订,形成了《农业灾害补偿法》。美国也颁布了《联邦农作物保险法》,大力发展农业保险业务,并经过多次修正,以实现对所有农作物的保险。

(六)加大政策性支持

农业生产的季节性波动强、营利水平低等特点决定政府介入的必要性。从各国农业和农村金融发展经验来看,农村金融的发展需要大量的政府投入和政策支持。实际上,各国政府也都颁布了很多扶持农村金融发展的措施和政策。一是实行利息补贴。美国、法国等国家对农业贷款都普遍实行贷款贴息制度。二是资金支持。如美国最主要的三家农村合作银行创建之初都由政府财政支持;日本农林渔业所需的大量资金则主要来源于日本政府,农林渔业金融公库更是由财政投资创立。三是实行有差别的存款准备金制度。美国、日本等国家中央银行对各金融机构实行有差别的存款准备金制度,农村金融机构上缴的比例均远远低于城市商业银行的上缴比例,与我国有着明显的不同。四是减免税收。农业政策性金融机构在运行中面临着很大的经营风险,因此,必须给予税收、利息补贴等方面的政策优惠。法国政府就减免法国农业信贷银行的税收,以提高其应对风险的能力。

(七)完善的监管体系

各国在建立农村金融的同时,也非常重视建立与之相适应的农村金融监管体系,其中尤以美国的监管体系为典型,即采取有别于商业银行的管理模式来管理农业金融。在具体业务的风险防范方面,特别注重抵押担保的存在。牲畜、作物等动产抵押主要用于短期贷款，如房产等不动产抵押则用于长期贷款。此外，各国在发展农村金融的同时，也在大力发展各种行业协会，以加强对金融机构的监督和管理。行业协会在协调农村金融组织与政府的关系、向会员提供风险咨询服务、加强行业自律中发挥着重要的作用。

（八）健全和完整的法律法规

在农村金融立法方面，无论是发达国家还是发展中国家都有着完备的法律体系，为农村金融的健康发展提供了良好的法律环境。市场经济也是法治经济，各类经济活动都离不开法律的规范和保护，农村金融机构的经营也不例外。当然，很多农村金融机构有别于一般性的商业性金融机构，需要有特定的法律法规来约束其经营行为。发达国家已经建立起了关于农村金融相对完善的法律体系，如日本1953年发布的《农林渔业金融公库法》，专门用来指导农业政策性金融机构、农林渔业金融公库的管理活动；美国1916年的《联邦农业信贷法》和1923年的《中间信贷法》则对农业信贷组织机构的经营活动进行约束。此外，印度也于1975年颁布了《建立地区农村银行的法令》，对地区农村银行信贷活动进行管理。这些法律都在发展过程中完善，不断强化农村金融机构的风险防范管理。

第九章 村镇银行发展案例分析

2006年，银监会出台《关于调整放宽农村地区银行业金融机构的若干意见》（以下简称《意见》），提出在吉林等6个省份的农村地区试点村镇银行，村镇银行试点正式启动。吉林省作为全国第一批试点发展村镇银行的6个省份之一，村镇银行的设立缓解了吉林省小微企业和农户贷款难等制约当地农村经济发展的问题，为吉林省县域经济、农村经济的发展起到了促进作用。本章选取发展较早、取得成绩较为显著的磐石吉银村镇银行和前郭县阳光村镇银行为案例，通过其注册基本情况、存款情况、贷款情况以及盈利情况等角度分析吉林省村镇银行可持续发展问题。

第一节 我国村镇银行发展概况

一 村镇银行发展规模

村镇银行是我国新型农村金融机构重要的组成部分，近些年来，村镇银行如同雨后春笋般迅猛发展。根据权威部门统计，截至2014年年末，全国已组建村镇银行、贷款公司和农村资金互助社如图9-1所示，其中，最大构成部分是村镇银行，占94.44%。

截至2014年年底，全国范围内村镇银行已经开设1233家（见图9-2），经银监会批准，允许经营的1152家，其中，东部地区村镇银行占39.47%，西部地区占30.75%，中部地区占29.78%（见图9-3）。村镇银行经营各项贷款余额4862亿元，比2013年增加了 1234 亿元，经营各项存款余额 5808 亿元，比 2013 年增加了 1176 亿元；整个村镇银行资产总额 7973 亿元，较 2013 年增加了 1685 亿元，取得了可喜的成绩。

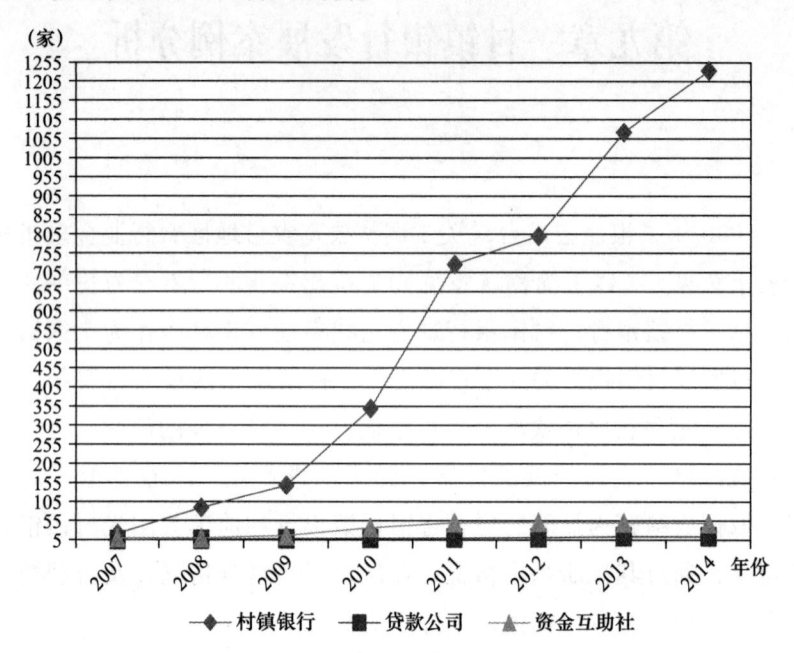

图 9-1 2007—2014 年新型农村金融机构发展数量

资料来源：根据 Wind 资讯整理（http：//www. wind. com. cn）。

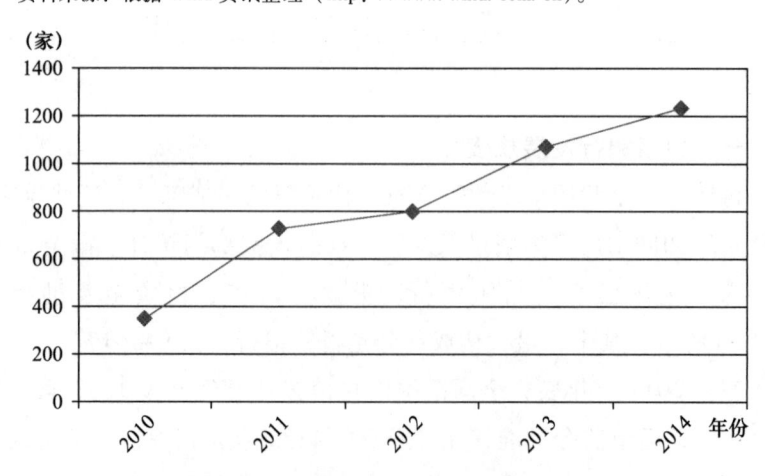

图 9-2 2010—2014 年村镇银行数量

资料来源：根据 Wind 资讯整理（http：//www. wind. com. cn）。

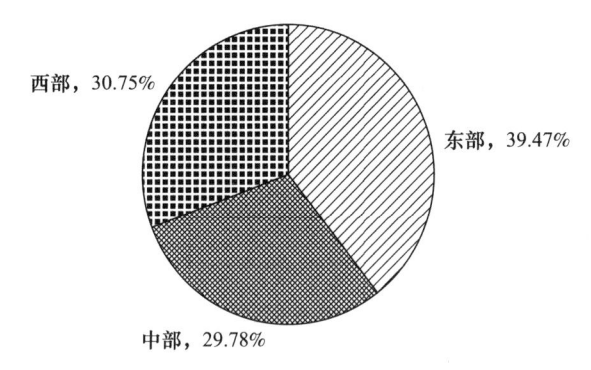

图 9-3 村镇银行地区分布

资料来源：根据 Wind 资讯整理（http：//www.wind.com.cn）。

二 村镇银行法人结构

村镇银行具有独立的法人结构，拥有股东会、董事长和监事会"三会"［见图 9-4（a）］。整体治理结构简单，职能部门包括营业部、市场营销部、风险合规部和综合管理部［见图 9-4（b）］，具有决策链短、经营效率高的特点，并建立了完善的合规部门。各部门之间相对独立，提高了决策科学性。村镇银行不承担任何历史包袱，受到上级主管部门行政干预少，使企业发展更加具有市场化特征。

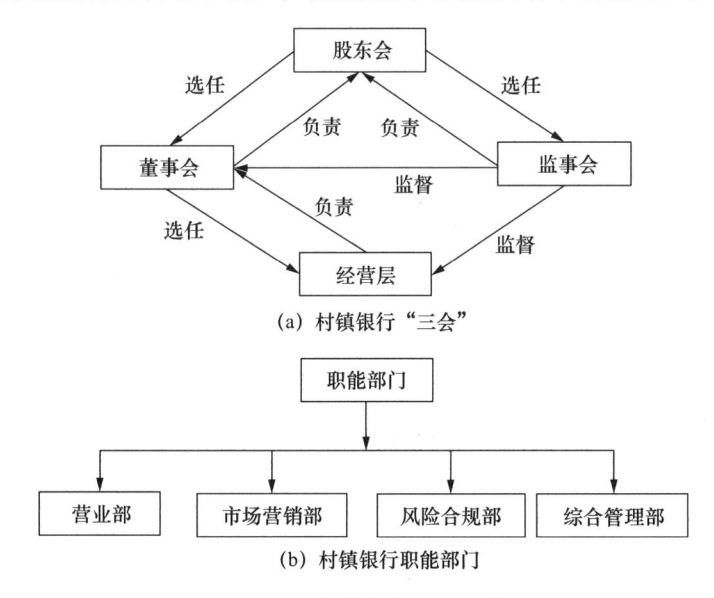

(a) 村镇银行"三会"

(b) 村镇银行职能部门

图 9-4 村镇银行组织架构

第二节 吉林省村镇银行发展概况

一 吉林省涉农金融机构发展情况

目前，吉林省涉农金融机构规模持续扩大，金融网点覆盖面不断扩大，金融服务能力切实加强。吉林省的正规金融机构和非正规金融机构，共同构成覆盖范围广、功能互补性强、相互协作和适度竞争的农村金融服务体系（见图9-5）。商业银行和政策性银行重点满足县域经济信贷需求，政策性银行重点满足粮食收购贷款、农村基础设施建设和农业龙头企业信贷需求，新型农村金融机构重点满足"三农"个性化信贷需求，这种互为补充、适度竞争的格局给农民和涉农企业带来了实惠和利益，有效地满足了农民的贷款需求。

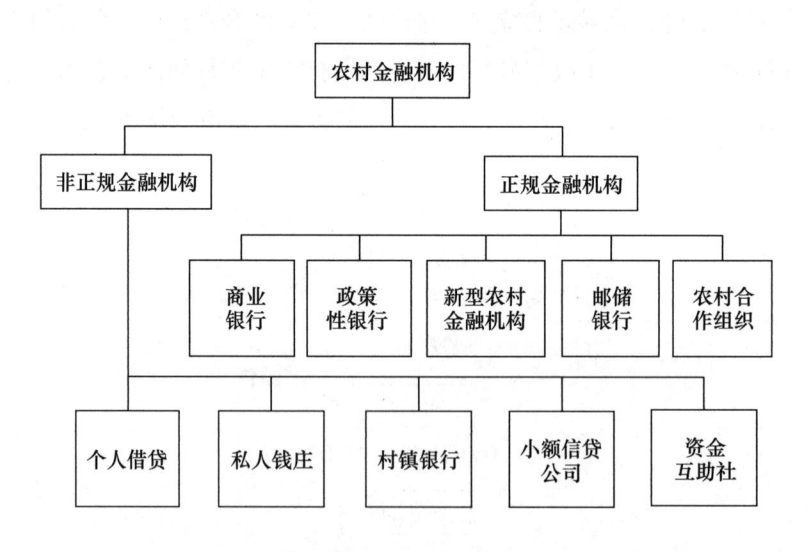

图9-5 吉林省农村金融服务体系

近年来，吉林省政府多个部门和政策大力扶持农村金融发展，一直重视金融支持"三农"发展的作用，省内新型农村金融机构也在快速发展壮大（见表9-1）。截至2013年年末，吉林省涉农贷款3426.3亿元，全年新增涉农贷款767.5亿元，同时，涉农贷款余额同比增长28.8%，高于全部贷款增速12.2%。吉林省的涉农贷款和全国相比，吉林省在涉农贷款上接近或超过全国平均水平（见图9-6）。

表9-1　　　　　吉林省新型农村金融机构数据

年份	资产总额（亿元）	机构数（家）	从业人数（人）
2007	—	7.00	109
2008	—	8.00	177
2009	22.60	15.00	265
2010	38.00	23.00	507
2011	84.00	25.00	966
2012	153.00	28.00	1420
2013	235.80	28.00	1477
2014	357.40	87.00	2795

资料来源：根据Wind资讯整理（http：//www.wind.com.cn）。

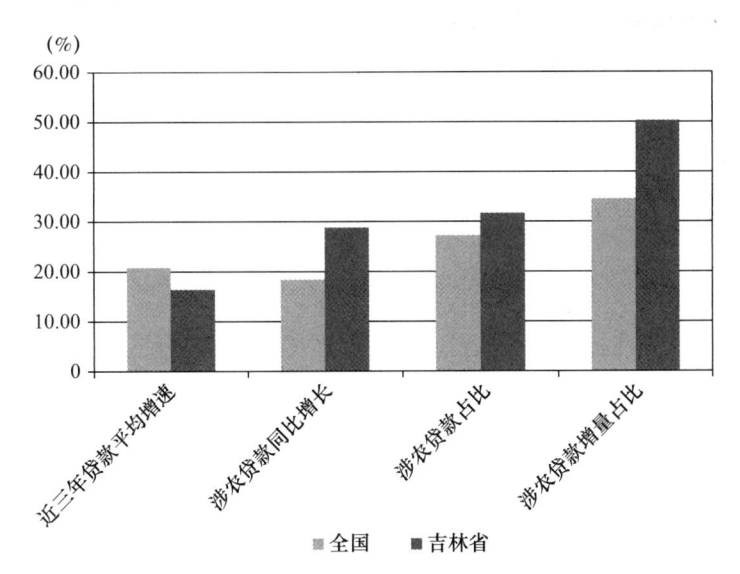

图9-6　2013年吉林省金融机构涉农贷款情况

资料来源：《吉林农村金融发展报告》（2013）。

二 吉林省村镇银行发展现状

吉林省是最早设立村镇银行的6个省份之一，自2007年3月1日吉林省第一家村镇银行成立，截至2016年3月，吉林省开业的村镇银行增加到52家（见表9-2）。另外有3家正在筹建，分别是四平铁西敦银村镇银行、图们敦银村镇银行和德惠敦银村镇银行。据统计，吉林省村镇银行从业人员共有1729人，村镇银行各项经营，贷款余额152.6亿元，比2014年年初增加25.6亿元，比2013年同期增加8.5亿元，与年初相比，增长62.5%，各项经营存款余额240.1亿元，比2014年年初增加38.2亿元，比2013年同期增加1.7亿元，比年初相比，增长49%。村镇农村发展取得一定的成绩，吉林省村镇银行地域分布上，长春地区13家，吉林地区8家，延边6家，通化地区、白城地区和松原地区各5家，四平地区4家，辽源地区和白山地区各3家（见图9-7），其中，长春地区、吉林地区和松原地区村镇银行的支行网点分布较多。但是，绝大多数村镇银行分布在一些城乡接合部，更有甚者，营业网点直接分布在城市中，导致村镇银行不"村镇"。

表9-2　　　　　　　　吉林省52家村镇银行

序号	名称	发起行	序号	名称	发起行
1	长春南关惠民	九台农商行	12	白山浑江恒泰	延边农商行
2	白城大安惠民	九台农商行	13	吉林永吉吉庆	延边农商行
3	松原宁江惠民	九台农商行	14	四平梨树源泰	延边农商行
4	松原乾安惠民	九台农商行	15	长春绿园融泰	延边农商行
5	长春高新惠民	九台农商行	16	长春经开融丰	延边农商行
6	吉林丰满惠民	九台农商行	17	通化融达	延边农商行
7	吉林桦甸惠民	九台农商行	18	长春宽城融汇	延边农商行
8	吉林船营惠民	九台农商行	19	延吉和润	延边农商行
9	白城洮南惠民	九台农商行	20	靖宇乾丰	延边农商行
10	松原扶余惠民	九台农商行	21	汪清和润	延边农商行
11	白城洮北惠民	九台农商行	22	磐石吉银	吉林银行

续表

序号	名称	发起行	序号	名称	发起行
23	珲春吉银	吉林银行	38	长春净月榆银	吉林榆树农商行
24	东丰吉银	吉林银行	39	公主岭华兴	舒兰农商行
25	舒兰吉银	吉林银行	40	敦化江南	延边农村合作银行
26	蛟河吉银	吉林银行	41	东丰诚信	辽源市城市信用社
27	双阳吉银	吉林银行	42	集安惠鑫	通河县农村信用合作社
28	双辽吉银	吉林银行	43	镇赉国开	国家开发银行
29	东辽农商	长春农商行	44	前郭阳光	宁夏平罗农商行
30	通榆农商	长春农商行	45	公主岭浦发	浦发银行
31	长春二道农商	长春农商行	46	四平铁东德丰	南昌银行
32	安图农商	长春农商行	47	农安北银	北京银行
33	四平辽河蛟银	吉林蛟河农商行	48	榆树融兴	哈尔滨银行
34	长岭蛟银	吉林蛟河农商行	49	梅河口民生	民生银行
35	临江蛟银	吉林蛟河农商行	50	九台龙嘉	包商银行
36	吉林昌邑榆银	吉林榆树农商行	51	柳河蒙银	内蒙古银行
37	长白榆银	吉林榆树农商行	52	通化二道江瑞丰	瑞丰银行

资料来源：银监会（http://www.cbrc.gov.cn/）。

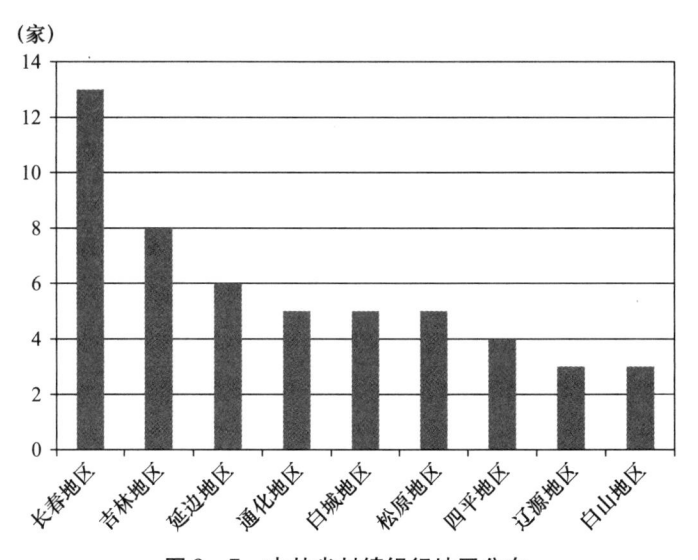

图9-7 吉林省村镇银行地区分布

资料来源：银监会（http://www.cbrc.gov.cn/）。

第三节 基于波特五力模型的吉林省村镇银行分析

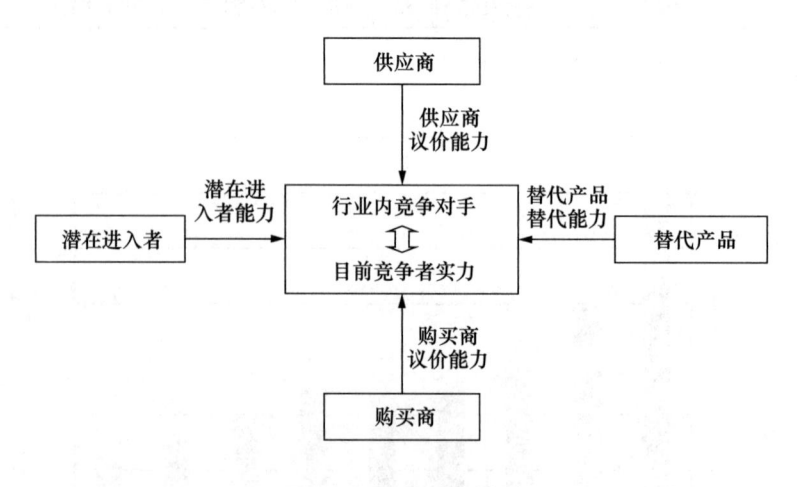

一 波特五力模型

波特五力模型由迈克尔·波特（Michael Porter）于20世纪80年代提出。波特五力模型认为，任何一个行业都存在五种力量影响其竞争规模和吸引力。这五种力量分别是供应商议价能力、购买商议价能力、潜在进入者的能力、替代产品替代能力和行业内竞争对手实力（见图9-8）。波特五力模型是企业在竞争战略分析中经常使用的工具，五种竞争能力能够决定某个行业中的企业的获利能力。企业也会通过战略调整对这五种力量进行影响，提升自身的竞争优势，从而有效地改善竞争规模和吸引力。

图9-8 波特五力模型

二 基于波特五力模型的分析

村镇银行的可持续发展，具体包括市场、财务、人力资源和制度的可持续发展，接下来，将基于波特五力模型对吉林省村镇银行可持续发展能力进行分析，从而评价村镇银行的可持续发展能力。

（一）供应商议价能力

供应商处于企业运营链的上游，在分析村镇银行的供应商时，我们从村镇银行的资金来源出发，村镇银行融资主要以存款为主要途径，同时依托于主发起行和当地政府，除村镇银行的主发起行和政府因素外，我们仅把存款融资列入村镇银行资金来源的供应商范围。

村镇银行相比于其他两个新型农村金融机构，有吸收存款的优势，资金互助社仅能从内部社员吸收存款。随着农村居民收入的不断提高，农民将越来越多的收入存入银行，各家村镇银行的存款规模逐年递增。但是，随着利率市场化的进程加速推进，创新类金融产品不断推出，吸收存款是摆在各家银行业金融机构面前的大难题。相较于其他股份制商业银行，村镇银行给公众的印象是：规模小而且经营落后，其品牌知名度不高，虽然我国已经大力提倡发展村镇银行，但政府并不拥有村镇银行的股份，村镇银行不具有国家信用，从而影响了其信誉和客户的认可。即使存款利率高于其他股份制商业银行，储户也不愿意将自己的存款存入村镇银行。

但是，吉林省农户信贷市场供求缺口巨大，因此，村镇银行不仅需要自身创新金融产品吸引储户，而且需要从外部引入资金，吉林省城镇居民比农村居民人均可支配收入还是要高很多（见图9-9），这也是村镇银行不"村镇"的一个重要原因。很多村镇银行如果地理位置过于靠近乡村，很难有一定的存款规模，就更别提服务"三农"了。

（二）购买商议价能力

购买商是企业发展的下游，购买商议价能力会影响企业销售产品的价格，村镇银行的购买商议价能力主要从信贷需求方角度分析。村镇银行现有的服务对象被限定为辖区内中小微企业以及个体户和农民。

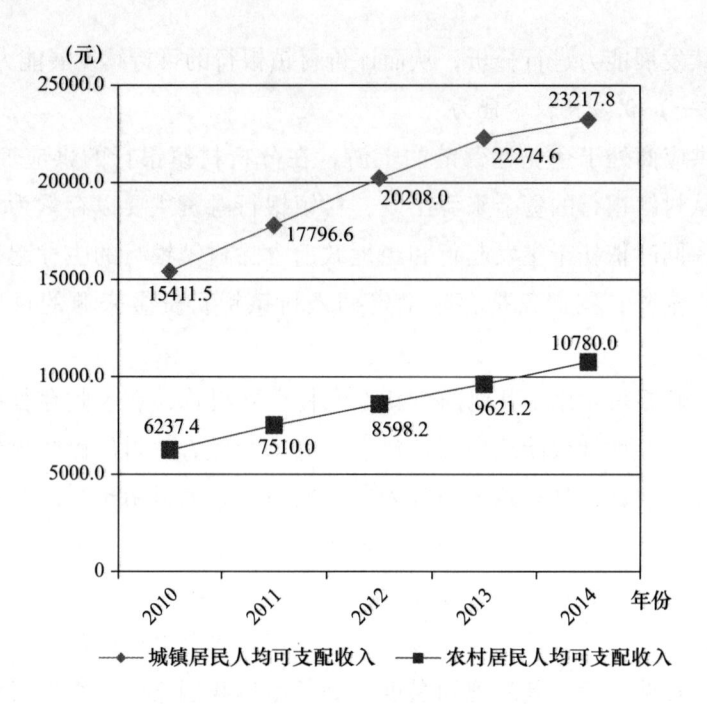

图 9-9 吉林省城镇和农村居民人均可支配收入

资料来源：《吉林统计年鉴》（2014）。

截至 2014 年年末，吉林省涉农贷款保持快速增长，其增速高于贷款平均增速 6.6%，吉林省一般贷款加权平均利率到达 7.06%，同比基本持平。吉林省农村的经济主体日益多元化，农村的信贷需求也呈现出多层次、多元化的特点。大规模种植业出现，包括设施蔬菜、花卉、中药材等特色种植业，大规模养殖业和特种高附加值养殖业，包括粮食、林业特产品加工，畜牧业等（见图 9-10）。目前，吉林省农户也已经不再局限于从事小规模传统粮食生产，很多人趁农闲之余外出务工，或在农村从事个体经营。越来越多的农户积累了一定资金和经验返乡创业或就业的农民工在农村开办小微企业。吉林省近年来农副产品生产金融需求也不断扩大，未来几年，粮食生产需要投入的资金更多地集中在农业技术创新和农业基础设施改造。因此，从购买商的议价能力来看，吉林省的农村信贷需求供不应求。

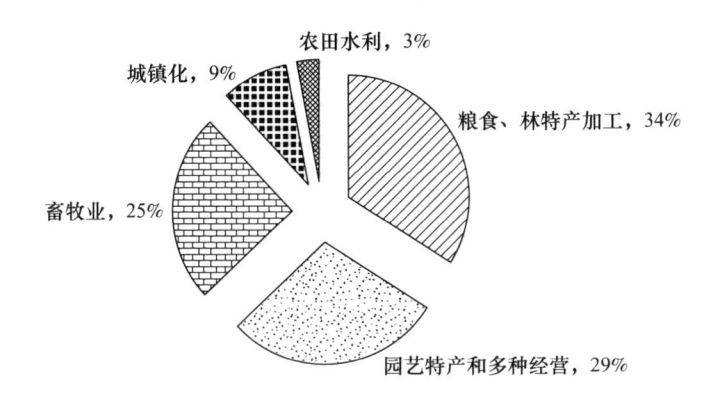

图 9-10　吉林省农村信贷资金需求结构

资料来源:《吉林农村金融发展报告》(2013)。

（三）潜在进入者能力

村镇银行由银监会批准设立,《意见》和政府的相关规定对村镇银行的进入门槛设为在县（市）级不低于 300 万元人民币,乡（镇）级不低于 100 万元人民币,同时必须满足发起行中至少有 1 家银行业金融机构。村镇银行的准入门槛过低,使近些年来吉林省村镇银行如"雨后春笋"般迅速壮大,出现了"批量化"组建的浪潮,并且有越来越多的潜在进入者在瞄着这块政策性金融"蛋糕",原本与大型银行对比没有明显优势的村镇银行,还要面临更多潜在进入者的威胁。

吉林省村镇银行的主发起行最多的是吉林银行、九台农商行和延边农商行 3 家,截至 2016 年 3 月,3 家当地主发起各发起设立 7 家、11 家和 9 家,占吉林省村镇银行开业数量 50% 以上,目前上述 3 家股份制银行还在加速设立村镇银行。村镇银行的"批量化"组建,一方面提高了吉林省村镇银行的网点覆盖率,同时主发起行也可以将自身制度、规章和营销策略都移植于村镇银行,而且作为区域性商业银行,城商行和农商行可以直接参与到村镇银行的经营管理中,使村镇银行的决策链短,效率更高,使其能够更好地服务当地"三农"。另一方面由于较低的准入门槛使潜在进入者的威胁增大，市场竞争更加激烈。

(四) 替代产品替代能力

替代产品替代能力高低影响着企业产品的定价和获得利润的多少，替代产品替代能力的高低取决于替代产品生产企业的生产能力和盈利能力，这就要求企业不断创新产品和服务，使生产的产品可替代性降低。对于村镇银行而言，应该创新金融服务，提高自身服务品质。

吉林省村镇银行目前的主要业务仍然是存贷业务和少量的中间业务，在存贷业务中，吉林省村镇银行立足于服务"三农"，深入开展多种形式的农户贷款、消费贷款和创业贷款。比如，松原阳光村镇银行的"企业 + 农户""农户联保贷款"和"农户 + 保险公司"等多样的信贷产品，有效地填补其他金融机构的金融空白。但是，总的来看，吉林省村镇银行信贷产品还是较为单一，主要是短期流动资金贷款、正式抵押和担保贷款。

吉林省村镇银行的股东有民营企业和自然人，全部来自当地，便于充分利用其本土优势，进一步促进村镇银行充分利用本土的社会资源。村镇银行不仅了解当地村镇银行客户信用状况，而且与当地企业长期经营合作，同当地农户建立了稳定的业务关系，对经营显然有更深刻的认识，可以有效地解决逆向选择和道德风险等信息不对称问题。

同时，吉林省村镇银行面临着激烈的市场竞争的威胁，国有商业银行在县城区域保留了一定的网点分布，并逐步开始重视中小企业贷款业务。农村信用社体系一直运行良好，是全县金融服务的农村地区的主要力量。同时，邮政储蓄银行主要在农村地区和中小企业提供信贷服务。

(五) 行业内竞争者竞争能力

行业内竞争者竞争能力是行业中的企业为了实现利润最大化，相继采用各种策略加强自身竞争能力。决定同行业竞争者竞争能力主要考虑该行业中的竞争者数量和该行业企业的生产成本。

2015年12月11日，中国人民银行、国家发改委等六部门联合印发《关于〈吉林省农村金融综合改革试验方案〉的通知》，力争用5年左右时间，在吉林省农村金融综合试验地区，形成多层次、竞争适度、可持续、风险可控的现代农村金融体系。《中共吉林省委、吉林省人民政府关于进一步深化金融改革推进金融业加快发展的意见》规定，新成立的村镇银行自开业3年，营业税实际缴纳额由省级财政专项补贴，从村镇银行开始盈利3年内，按照资金的财政拨款的适当水平支付利润的税收补贴。《吉林省人民政府关于当前金融促进经济发展的若干意见》规定，对新设立的村镇银行根据其注册资本金规模给予10万—50万元的开办费补助。

受以上诸多政策利好因素影响，近几年来，吉林省的村镇银行发展迅速，截至2016年3月，吉林省共有52家村镇银行开业，增幅为30%，因此，吉林省村镇银行的快速发展也加大了自身的竞争强度。

从生产成本来看，目前，吉林省绝大多数村镇银行并没有直接加入到人民银行的支付清算系统，村镇银行的支付结算业务，往往是通过其他金融机构发起，这使村镇银行增加了结算费用，同时及时性和安全性也受到影响。村镇银行不能直接给客户提供通存通兑、异地结算服务，无异于增加村镇银行提供金融服务的成本。同时，村镇银行的风险控制体系薄弱，大多数村镇银行简化自身的内部控制流程，所以，信贷出现很多漏洞，不能有效地减轻风险，不良贷款率大大提高，而且，村镇银行人员素质参差不齐，工作人员缺乏专业财务知识和业务综合技能，这些都增加了村镇银行的经营成本。

第四节 案例分析

本节选取吉林省第一家村镇银行和取得成绩最为显著的磐石吉

银村镇银行、前郭县阳光村镇银行为案例进行分析,着重从两家村镇银行注册的基本情况、存款情况、贷款情况以及盈利情况等方面来分析吉林省村镇银行可持续发展问题。

一 基本情况

（一）设立情况

两家村镇银行的注册资本在 1 亿元左右,其发起行分别是城市商业银行和农村商业银行。

表 9-3 磐石吉银村镇银行和前郭县阳光村镇银行基本情况

单位：万元

名称	注册资本	注册地	开业日期	发起人	控股比例	参股性质
磐石吉银村镇银行	9952.8	磐石市	2007年3月1日	吉林银行	51%	法人和自然人
前郭县阳光村镇银行	10000	前郭县	2007年12月26日	宁夏平罗农村商业银行	50%	法人和自然人

资料来源：全国企业信用信息公示系统（http://gsxt.saic.gov.cn/）。

磐石吉银村镇银行（原磐石融丰村镇银行,2011 年更名为磐石吉银村镇银行）成立于 2007 年 3 月 1 日,是全国首批 3 家试点村镇银行之一,同时也是吉林省的第一家村镇银行。注册资本最初为 2000 万元人民币,2013 年增加到 9952.8 万元人民币,吉林银行是主发起行,包括自然人参股,其中,吉林银行占股份的 51%,自然人参股占股份的 49%,公司位于磐石市振兴大街 399 号,截至目前,有营业网点 8 个（见表 9-4）。

前郭县阳光村镇银行 2007 年 12 月 26 日开业,注册资本 1 亿万元人民币,主发起行为宁夏平罗农村商业银行,是全国第一批村镇银行试点之一,也是松原市第一家村镇银行。截至 2014 年年末,前郭县阳光村镇银行共有营业网点 12 个（见表 9-5）,员工 307 人,银行员工队伍呈现年轻化、高学历特点,平均年龄 25 岁,大学以上学历占 95%。

第九章 村镇银行发展案例分析 / 165

表9-4　　　　　　磐石吉银村镇银行各网点情况

序号	支行名称	网点地址
1	磐石吉银村镇银行	磐石市振兴大街399号
2	磐石吉银村镇银行前景支行	磐石市磐石大街1755号
3	磐石吉银村镇银行阜康支行	磐石市振兴北大街777号
4	磐石吉银村镇银行明城支行	磐石市明城镇和平街88号
5	磐石吉银村镇银行红旗岭支行	磐石市红旗岭镇红旗大街558号
6	磐石吉银村镇银行红大支行	磐石市石城大街6666号
7	磐石吉银村镇银行烟筒山支行	磐石市烟筒山镇南庆街88号
8	磐石吉银村镇银行开发区支行	磐石市建设大街2555号

资料来源：全国企业信用信息公示系统（http://gsxt.saic.gov.cn/）。

表9-5　　　　　　松原阳光村镇银行各网点情况

序号	支行名称	网点地址
1	前郭县阳光村镇银行	松原市前郭县民主街
2	前郭县阳光村镇银行沿江支行	松原市宁江区沿江东路1388号
3	前郭县阳光村镇银行松江支行	松原市宁江区锦江大街1843号
4	前郭县阳光村镇银行镜湖支行	松原市宁江区锦江大街999号
5	前郭县阳光村镇银行乌兰支行	松原市前郭县乌兰大街750号
6	前郭县阳光村镇银行康宁支行	松原市宁江区康宁街2038号
7	前郭县阳光村镇银行锦江支行	松原市宁江区汇金广场8号
8	前郭县阳光村镇银行临江支行	松原市宁江区民康街288号
9	前郭县阳光村镇银行滨江支行	松原市宁江区东镇大路3737号
10	前郭县阳光村镇银行哈萨尔支行	松原市前郭县蒙古艾里社区
11	前郭县阳光村镇银行镇南支行	松原市前郭县前郭镇镇南街
12	前郭县阳光村镇银行兴原支行	松原市经济开发区兴原乡

资料来源：全国企业信用信息公示系统（http://gsxt.saic.gov.cn/）。

从注册资本以及设立地看，两家村镇银行的设立存在以下特点：
（1）一股独大。最大股东均为发起行，控股比例分别为51%和50%，两家银行平均注册资本为9976.4万元，远远高于银监会要求的最低资本。

（2）设立区域远离农村。如磐石市工业、农业都非常发达，连续三年被评选为全国最具区域带动力和最具投资潜力中小城市百强县市。前郭县隶属于吉林省松原市，县城与松原市共同处于一城，是松原市政治、经济、文化中心。

（二）存贷规模

存款是银行生存与发展的基础和保障，存款不仅保证了银行资金的流动性，也是银行贷款业务开展的基石，为更好地服务"三农"奠定了坚实的基础。

1. 存款规模

随着村镇银行在当地的宣传力度越来越大，两家村镇银行的存款规模迅速扩大。如表9-6所示，磐石吉银村镇银行的各项存款余额逐年大幅增加，截至2013年12月31日，磐石吉银村镇银行各项存款余额16.23亿元，较年初增加2.73亿元，增长20.18%；前郭县阳光村镇银行各项存款余额40亿元，较年初净增8亿元，增幅为25.00%。另外，村镇银行存款规模占当地所有金融机构的存款规模的比例越来越大，在和当地农村金融机构的激烈竞争中，磐石吉银村镇银行的存款规模在磐石市脱颖而出，取得了跨越式发展。

表9-6　　　　　　磐石吉银村镇银行存款规模

年份	存款余额（亿元）	个人储蓄	比例（%）
2007	1.03	0.34	33.01
2008	1.53	0.27	17.65
2009	4.18	0.44	10.53
2010	7.35	1.48	20.14
2011	10.80	—	—
2012	13.50	4.28	31.70
2013	16.23	6.94	42.76

资料来源：磐石吉银村镇银行2013年财务报表。

2. 存款来源

存款来源主要分为储蓄存款和对公存款，截至2013年12月底，磐石吉银村镇银行个人储蓄存款为69374万元，较年初增长62.25%，但是，磐石吉银村镇银行的存款来源中储蓄存款占比不高，磐石吉银的存款来源主要为对公存款，各项储蓄存款自2007年成立以来均不超过50.00%，最低时不足10.53%，个人储蓄存款最高的一年为2013年的42.76%（见图9-11）。可见，磐石吉银村镇银行存款来源并不单一，这与村镇银行积极开展个人和单位存款营销业务，全面设立品牌建设是分不开的。

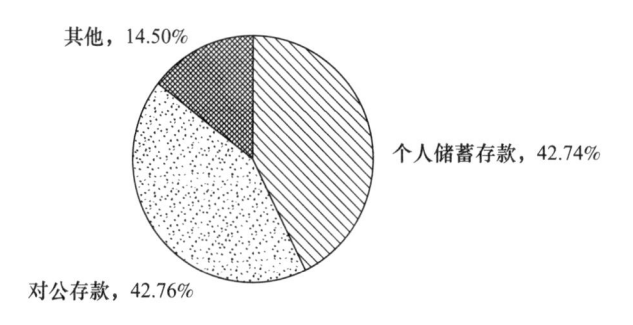

图9-11　磐石吉银村镇银行存款来源

资料来源：磐石吉银村镇银行2013年财务报表。

3. 贷款情况

两家村镇银行自开业以来，根据县域经济和农村经济发展的特点，积极开展业务，贷款规模显著增加。磐石吉银村镇银行贷款规模递增，支农贷款增加显著（见图9-12）。2013年，各项贷款余额和涉农贷款余额分别是2007年的25倍和27倍，对当地经济发展、农村金融发展促进效果显著。前郭县阳光村镇银行贷款规模在吉林省村镇银行中排在第一位。2013年12月底，各项贷款余额31亿元，较年初净增7亿元，增幅为29%，当年累计发放贷款44.4亿元。

贷款规模的增加和涉农贷款占比显著，不仅有利于为当地农村融资者提供金融支持，也刺激了当地金融服务合理地展开竞争以及各村镇银行的生存和发展。截至 2014 年年末，磐石吉银村镇银行全行总资产 18.31 亿元，全年实现营业收入 1.82 亿元，实现税后利润 5480 万元，前郭县阳光村镇银行同期利润总额达 1.16 亿元，在吉林省村镇银行中排名第一，该行还聘请农业专家免费为当地农户教授种植和养殖技术。据统计，从 2014 年 10 月至 2015 年 2 月，前郭县阳光村镇银行累计发放粮食收购贷款 5.8 亿元，为当年春耕投放 7 亿元，有效地满足了当地春耕的资金需求。

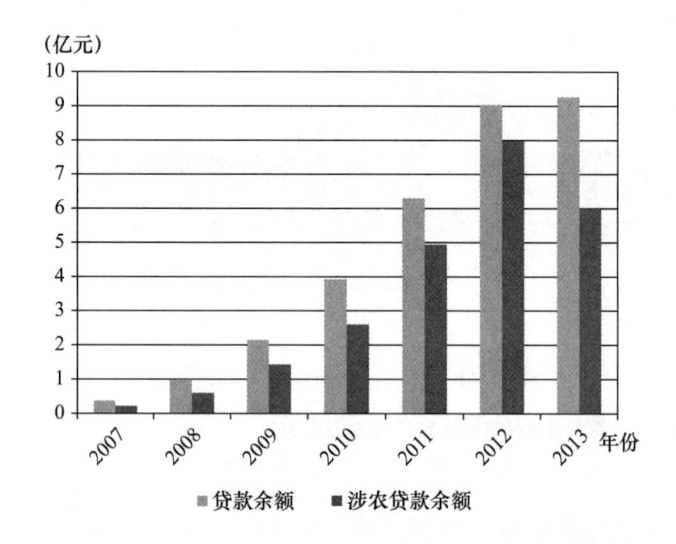

图 9-12　2007—2013 年磐石吉银村镇银行涉农贷款占比

资料来源：磐石吉银村镇银行 2007—2013 年财务报表。

（三）风险控制

村镇银行风险调控体系尚未完全建立，社会各界普遍担心村镇银行面临风险控制的压力。从实际运行来看，磐石吉银村镇银行和前郭县阳光村镇银行的风险控制均高于监管标准，资产质量进一步提升，如表 9-7 所示。

表 9-7　　　　　　　　两家村镇银行的监管指标　　　　　　单位:%

名称	核心资本充足率	资本充足率
磐石吉银村镇银行	15.55	17.17
前郭县阳光村镇银行	9.48	10.54
监管标准	4.00	8.00

资料来源：磐石吉银村镇银行和前郭县阳光村镇银行2013年财务报表。

二　业务发展

村镇银行要实现可持续发展，就必须立足于服务"三农"，为当地农户、农业企业量体裁衣，提供符合当地特色的金融产品。磐石吉银村镇银行针对不能提供抵押物的农民，推出联保贷款和农业直补金质押贷款，同时针对个体工商户推出"融丰宝"和"融易贷"两种产品。磐石吉银村镇银行加大本地宣传力度，在磐石的商业广场刊登形象宣传片和相关金融知识，使"磐石吉银村镇银行，磐石人自己的银行"深入当地老百姓心中。

前郭县阳光村镇银行引进德国IPC微贷技术，IPC微贷技术核心是科学评估客户还款的能力，前郭县阳光村镇银行也学习股份制商业银行贸易融资等先进做法，开创了"阳光"信贷模式，先后推出了兴业宝、农家乐、城支农、农企益、农经贷等19项信贷新产品，大多数产品实行流程化信贷管理，只需要客户去一次银行就能获得贷款。前郭县阳光村镇银行在防范信贷风险方面，建立严格的管理制度，建立包括《信贷制度》《财务管理规定》《贷审会制度》《财审会制度》等规章制度，确保银行的风险可控。前郭县阳光村镇银行不仅内部严格监控，也实行外包监督机制，由长春市龙天华尔公司不定期对银行硬件和服务水平进行打分评价。

三　借鉴经验

截至目前，两家村镇银行在当地金融机构的激烈竞争中均取得了引人注目的成就，内部控制制度逐渐完善，资产规模猛增，存贷款规模逐渐扩大，监管指标均已达标，立足"三农"的涉农贷款显著，促进了当地县域经济和农村经济的发展。

两家村镇银行的发展经验也给全国其他村镇银行提供了借鉴。同样，其存在的问题也是大多数村镇银行所面临的问题。在国家和地方政府大力发展多种小微企业金融服务机构的冲击下，村镇银行在激烈的竞争中保持可持续发展，可以从农民自身和村镇银行自身重新审视。

（一）充分关注农村的金融需求

在农村，农民所担心的无非两件事：一是存取款是否方便。农村金融机构在农村普遍网点分布较少，ATM等自助存取款机等设施较少，农民存取钱都不方便。二是贷款的难易程度。主要是无处贷款或者贷款的条件不够。目前，大多数个体经营者和农民具有少量的房产、农机设备和土地就没有别的东西可抵押了，而国家规定土地是不允许做实质抵押的，造成贷款的难度增加。前郭县阳光村镇银行创新金融服务，打破无抵押物贷不了款的传统模式，村镇银行客户经理直接深入客户，首先分析客户的现金流，以判断第一还款来源是否充足。由此可见，村镇银行要想取得长远发展和成就，必须充分考虑农村地区金融需求特点以及经济特点，解决农民之所忧，才能立足农村金融市场。"三农"贷款的四个需求层次如图9-13所示。

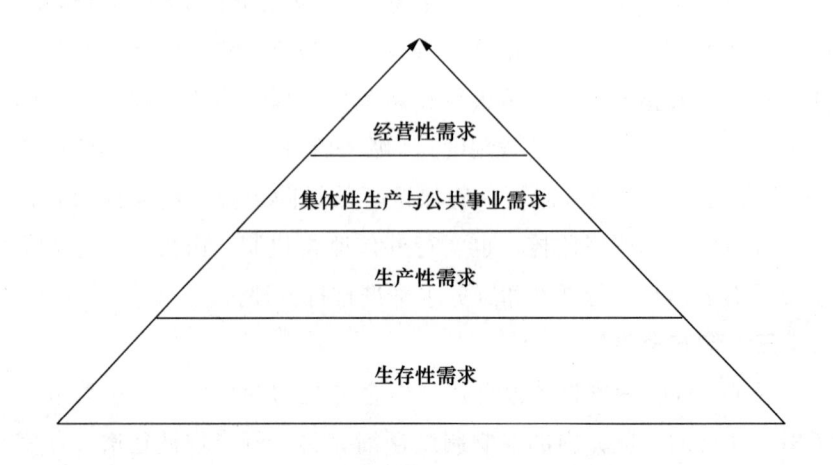

图9-13 "三农"贷款的四个需求层次

(二) 发挥村镇银行的制度优势

村镇银行法律法规规定，村镇银行只能做县域内部的业务，不像其他大型国有银行，可以做县域外业务；村镇银行现有的服务对象被限定为辖区内的中小微企业、个体户和农民。农村地区的中小微企业、个体户和农民一般贷款额度小、周期性长、风险高、抵押物少，往往需要灵活多样的金融产品，村镇银行是独立法人机构，具有组织链条短、决策高效灵活的特点，可以及时有效地制定符合当地农民金融需求的金融产品，应尽可能地发挥其这一优势，和其他金融机构展开竞争，推动农村金融发展。

综上所述，本章所列举的吉林省村镇银行作为代表在一定程度上说也是吉林省乃至我国其他村镇银行的缩影，这两家村镇银行的经营现状代表了一部分的村镇银行，磐石吉银村镇银行和前郭县阳光村镇银行这两家村镇银行和其他村镇银行在实际经营管理中，都面临着迫切采取有效措施解决问题。希望通过本章所列举的两家村镇银行的现状、经营成果、借鉴经验、存在问题的详细探讨和反思，能够对吉林省其他村镇银行提供实践理论支持。当然，这两家村镇银行的经营和盈利状况以及存在的问题也不能涵盖我国所有村镇银行，毕竟发起行性质不一致，设立地点不一致，就会形成不同的机遇和挑战，对于本章所没有涵盖的内容将在下一章进行探讨。

第十章　村镇银行防范风险可持续发展的对策建议

村镇银行的健康可持续发展，对于完善农村金融体系、促进农村金融和谐发展具有十分重要的意义。本章将针对本书提出的定位存在偏差、存款来源受限、服务水平低下、监管机制不健全和政府扶持性政策不到位等问题，结合吉林省村镇银行发展中形成的经验，提出促进吉林省村镇银行可持续发展的建议。

第一节　坚持服务"三农"定位

一　因地制宜，设立村镇银行

吉林省的村镇银行设立应该综合考虑本省的经济条件和人文环境，坚持因地制宜，在县级以上（包括县级）经济发达地区，可采取市场化推进民间资本入股村镇银行，而在县级以下经济落后农村地区，可以设立小规模村镇银行，结合当地农村金融需求，发展符合当地的金融产品，这样，可有效地解决村镇银行在地域上设立的偏差。

二　准确定位目标客户

村镇银行是主要为当地"三农"发展提供金融服务的新型农村金融机构，在国家大力开放小型金融企业，各地市及县乡允许开办贷款公司的背景下正确确定自己的市场定位，才能在激烈的市场竞争中脱颖而出。目前，大中型银行的主要定位是城市中具有良好财务数据资料、资质较好的优质客户，村镇银行应该和其展开错位竞争，形成自己忠诚和稳定的客户群。村镇银行为服务"三农"而成立，就应该从服务"三农"寻找生存和发展的突破口。虽然相较于其他大型金融机构，村镇银行的成立时间较短，资本积累小，但是，其他大中型银行为农民可提供的金融产品不多，"一家独大"的农信社存在产权不明晰，也难以满足农村金融的灵活性，在此背景下，吉林省村镇银行应该紧紧抓住其本身决策链条短、反应灵活的优势，致力于服务农村地区客户，在实际业务开拓过程中，总结经验，准确定位自己的独特品牌。

第二节 拓宽融资渠道

一 构建合理的股权结构

要尽可能地实现村镇银行的投资主体多元化，根据各地情况差异，政府、企业、银行、个人等，均可作为投资者入股村镇银行，在股权结构设置方面，充分体现股权适度集中的原则，可考虑单一投资主体及其关联方持股比例不得超过村镇银行股本总额的10%—20%。当地的企业及政府无论入股也好，存款也好，由于企业声望及政府信用的存在，都会加大当地居民对村镇银行的信任，进而带来更多的储蓄存款客户。

二 加快网点布局

村镇银行增加网点，深入农村，近水楼台先得月，有利于吸引农户及小微企业前来存款及办理业务。村镇银行应按照统筹规划、合理布局的原则，在保持网点数量基本稳定的前提下，对乡镇及以下网点数量的建设应逐步增加，以扩大乡镇及以下村镇银行网点覆盖面。村镇银行的网点形式有三种选择，第一是标准的金融机构。村镇银行可以根据自身实际情况，在有条件的金融服务空白点增设这类网点。第二是简易的金融机构。在经济欠发达，同时边远和交通不便的乡镇，比较适合村镇银行设立该类网点。第三是流动性金融服务网点，是指村镇银行的基层网点开展的定时定点的流动服务。地点可选择在乡镇有集市的区域，每周以约定的时间及地点提供流动服务。在以安全性为前提的条件下，网点可设在固定的场所内，也可设在具备安全条件的流动服务车上。村镇银行可以根据不同地区的实际情况来选择设立哪种网点，稳步扩大网点覆盖面。

三　加大宣传力度

在这个媒体发达的时代，可供宣传的方式有很多种，报纸、杂志、广播、电视、互联网、手机、户外媒体等。针对村镇银行所处区域的情况，可以灵活地选择媒体的形式。但是，在互联网是人们主要获得信息渠道的时代，建立村镇银行的官方网站是必要的，在人们想了解村镇银行的情况下，连村镇银行的官方网站都看不到，就会很容易使人们把村镇银行归结到不正规或不可信任的金融机构中，而且也不利于人们对村镇银行的了解。另外，广播、电视盒户外媒体（如路牌灯箱的广告位等），这些与人们生活有着密切联系的媒体，是村镇银行提升在人们心中的认知度和公信力的重要渠道，要加以重视。宣传的内容包括村镇银行的性质、宗旨、经营方式、优质便民的服务和产品等，宣传内容的方式最好图文并茂，易于理解。

第三节　提升金融服务水平

一　创新产品服务

经济新常态下，商业银行过度依靠扩张经营规模来实现自身盈利的传统模式已经难以持续。吉林省村镇银行应该结合吉林省省情，因地制宜地创新金融产品。吉林省村镇银行要结合当地实际情况，具体来说，应当采取"具体村镇具体分析"的模式。首先，应该创新发展多样化的信贷模式。围绕"龙头企业+农户+基地"

"企业＋农民合作社＋农户""企业＋专业大户""企业＋家庭农场""批发市场＋市场商户＋农户"等经营模式，在应收账款、预付账款、物流服务等领域开展金融服务模式创新，比如，春耕时加大春耕生产的信贷投放，采取灵活的放款政策。其次，细分客户。针对不同的服务对象创新提供相应的贷款方式，变被动贷款为主动放款，如针对农村妇女的小额担保贷款；针对农村公务员、事业单位编制人员及信用较好的农户，可发放小额信用贷款；针对农村中小企业贷款，可采用应收账款质押贷款、保证贷款等，同时，对不能提供有效担保的农户，由担保公司提供担保。最后，要不断推进农村支付服务智能化，推广普及智能手机、智能支付终端、POS机等自助终端，使农民足不出村即可享受到小额取款、现金汇款、转账汇款、缴费等金融服务，有效地打通农村金融服务的"最后一公里"。例如，作为农业部和吉林省农委的试点推广项目，"农民钱包"于2015年6月15日正式在磐石上线，磐石吉银村镇银行正式发放农民钱包的第一笔网上贷款。

二 加强中间业务运营

村镇银行仍然是传统的存贷款业务为主体，村镇银行应通过安全服务和其他创新的方式来处理金融环境的具体领域，以更好地满足客户的需求。我们要积极探索在自己的管理风险控制和适应的前提下，推出满足中小企业的"三农"和中间业务融资需求。从先进的网络、国有商业金融机构、中间的发制品业务学习，增强市场竞争力。发行在一些农村地区的银行卡，并设置了一台机器。在农村，尽快促进保险代理，证券和基金服务，以促进个人理财、咨询、缴纳水电费和金融产品和服务，利用农村地区提供存款、汇款、信用保险等现代手段沟通和有效的金融基础设施和服务。

三 建设高素质人才队伍

人才是银行最重要的资源，从银行管理到业务的开发和拓展都离不开具有渊博知识和强大创新能力的人才。目前，人力资源匮乏已成为制约村镇银行持续发展的重要因素之一。为此，村镇银行必须加强人力资源建设，吸引优秀的人才，为可持续发展提供强有力的保障。

第一，村镇银行应健全薪酬福利制度，积极引入各类人才，包括从社会上吸引具有银行从业经验的金融管理和经营人员，高等院校中具有会计、金融、经济管理等专业背景的高学历人才及当地文化素质高且有威信的村民，以增强村镇银行的核心竞争力。

第二，加大人才培训力度。首先，针对不同岗位、不同层级的员工进行基础培训，使员工具备必备的工作习惯和素质。其次，根据人才的不同特点出发，加大培训力度，这样，才能避免用同一标准去培养具有不同才能的人才，以发挥人才的最大潜能。

第四节 建立科学的风险管理机制

银行想要实现持续发展，做好风险管理的功课是非常重要的。村镇银行的经营主要面对一定区域的广大农民客户，由于县域脆弱的信用环境和农业本身较低的抗风险能力，而使其面临的风险更大，因此，村镇银行应从自身内部加强风险管理。

一 加强信贷流程管理

首先，完善银行内部组织架构，设立风险管理委员会、审计委员会和关联交易控制委员会，降低内部人控制风险。

其次，提高员工风险管理意识。加强对员工专业技能、风险防范意识与风险管理能力的培训工作，实现员工行为规范化，尽量降低内外部环境的风险隐患。具体操作如下：

第一，结合当地实际情况以及信贷评级制度，建立科学有效的信用评价指标体系，如图10-1所示。

第二，要严格执行内部的审、贷、查分离机制，每笔业务的进度落实到人，形成权、责、利相统一，以达到多重检查与控制效果。

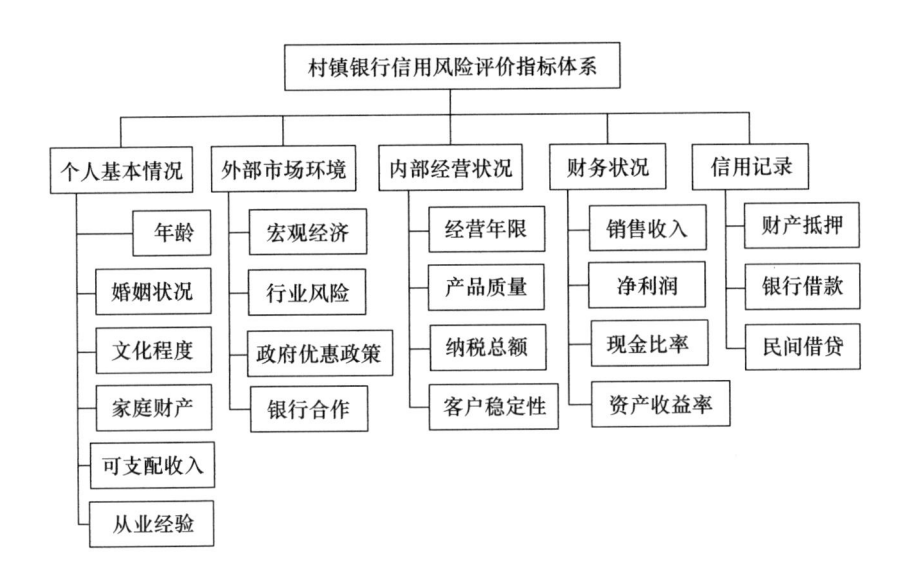

第十章　村镇银行防范风险可持续发展的对策建议 / 177

```
                村镇银行信用风险评价指标体系
    ┌───────────┬───────────┬───────────┬───────────┐
个人基本情况  外部市场环境  内部经营状况   财务状况    信用记录
    │           │           │           │           │
   年龄        宏观经济     经营年限     销售收入    财产抵押
  婚姻状况     行业风险     产品质量     净利润      银行借款
  文化程度    政府优惠政策  纳税总额     现金比率    民间借贷
  家庭财产     银行合作    客户稳定性   资产收益率
  可支配收入
  从业经验
```

图 10-1　村镇银行信用评价指标体系

第三，加强贷后管理工作，需要把责任落实到具体信贷员身上，对贷后管理不到位或因此造成损失的，追究相关负责人的责任。

二　建立信用保障机制

根据服务对象的特点，将客户划分成不同类型，设计出不同的贷款品种和不同的担保、抵（质）押与还款方式，如种植业农业项目、小型基础设施项目、农户住宅建设项目等。创新风险化解或对冲方式，利用保险方式或者新型贷款模式分散农业自然灾害风险可能带来的损失。

三　完善内部治理结构

内部治理结构包括架构安排和人员配备。在架构安排方面，村镇银行可以根据股东的情况来具体设置。如果股东类型较为繁杂，例如由政策性银行、商业银行、企业和自然人共同构成股东，那么选择层级式内部治理架构较为适用。如果股东类型较为单一，在这种情况下，村镇银行可以采用扁平式内部治理架构。在人员配备方面，要求村镇银行在各个职位上有充足的工作人员，并且工作人员的条件要具备作为一个职业人所必备的工作习惯和素质。只有构建合理的内部治理结构，有适当的人员配置，才能使企业获得持续发展，同时，也加强了内部控制制度。

首先，明确任务和责任，以及不同业务部门的权力，落实严格的岗位责任制，建立健全必要的财务会计、分配制度，落实责任制，避免个人权利过度集中。

其次，建立有效的激励机制，改善培训部门及人员，完善绩效考核机制、薪酬管理机制和劳动保护机制，引入物质激励、培训激励、晋升激励和股权激励等多元化激励方式，认真落实并给予物质或精神奖励。

最后，更新内部控制制度和内部控制体系。随着业务发展和时间的推移，一些规章制度不能满足村镇银行发展的需求，需要及时修订、完善内部控制制度，以适应业务发展需要。

第五节　健全监管机制

村镇银行的健康发展需要健全的政府监管机制，吉林省监管机构应加强对村镇银行的有效监管，创新监管方式和手段，合理配置监管资源。具体来说，需要做好以下三项工作。

一　细化监管职责

第一，加强公司董事、高级管理人员和股东监管职责分工，保持监管的核心是正常运行的村镇银行。

第二，村镇银行进行综合评价的风险，监管和指导建议之间的区别，以加强银行的风险管理。

第三，要加强村级银行监管业务方向，防止其偏离市场地位政策的初衷。

二　完善监管机制

首先，当地监管机构应采取现场监督和非现场监督两种监管模式。

其次，村镇银行监管方面应配备充足的工作人员。现场监督派专业人员进行监管，使现场检查有效、完整。

最后，对有问题的村镇银行应有一个明确的退出机制。监管机构应对有问题的村镇银行退出做出详细的规定，例如，退出方式、程序和具体操作方法，等等。

三 创新监管方式

监管机构应针对村镇银行来创新监管形式，建立针对村镇银行等小微金融机构的完备的监控平台。在监管过程中，设计适应村镇银行机制的监管框架，重点监管措施应该是灵活的、有弹性的。同时，采取差异化的监管模式、监管内容和技术手段，监管有不同特点的村镇银行。

第六节 给予更多优惠政策

政府支持是村镇银行实现可持续发展的助推力，村镇银行应该享受更多的优惠政策待遇，不仅要享受同农村信用社一样的政策优惠，还需要有针对村镇银行的扶持政策。目前，村镇银行企业所得税过高，应为村镇银行的企业所得税减负，以提高其盈利能力和资本积累能力，促进其可持续发展。此外，新成立的村镇银行，应减免其营业税和所得税。

人民银行应适当降低村镇银行加入小额支付系统和信用体系昂贵的费用，中国银联应降低村镇银行入场费，使村镇银行降低交易成本，提高村镇银行为客户提供方便快捷的服务的能力，增强竞争力，以提高村镇银行存款的额度，促进村镇银行的持续健康发展。

参考文献

[1] 白钦先：《金融可持续发展论》，中国金融出版社2001年版。

[2] 陈松林：《中国金融安全问题研究》，中国金融出版社2002年版。

[3] 张元红：《当代农村金融发展的理论与实践》，江西人民出版社2002年版。

[4] 张杰：《中国农村金融制度：结构、变迁与政策》，中国人民大学出版社2003年版。

[5] 周天芸：《中国农村二元金融结构研究》，中山大学出版社2004年版。

[6] 王永龙：《中国农业转型发展的金融支持研究》，中国农业出版社2004年版。

[7] 陈军、曹远征：《农村金融深化与发展评析》，中国人民大学出版社2004年版。

[8] 廖星成：《中国三农问题研究报告》，新华出版社2005年版。

[9] 陈水利、李敬功、王向功：《模糊集理论及其应用》，科学出版社2005年版。

[10] 张余文：《中国农村金融发展研究》，经济科学出版社2005年版。

[11] 刘仁伍：《新农村建设中的金融问题》，中国金融出版社2006年版。

[12] 何广文：《合作金融发展模式及运行机制研究》，中国金融出版社2006年版。

[13] 王广谦：《20世纪西方货币金融理论研究》，经济科学出版社2006年版。

[14] 刘玲玲、杨思群：《中国农村金融发展研究》，清华大学出版社2007年版。

[15] 田俊丽：《中国农村金融体系重构》，西南财经大学出版社2007年版。

[16] 陈雪飞：《农村金融学》，中国金融出版社2007年版。

[17] 王双正：《中国农村金融发展研究》，中国市场出版社2008年版。

[18] 李树生、何广文等：《农村金融创新研究》，中国金融出版社2008年版。

[19] 岳意定：《改革和完善农村金融服务体系》，中国财政经济出版社2008年版。

[20] 甘少浩、张亦春：《中国农户金融支持问题研究》，中国财政经济出版社2008年版。

[21] 中国农村金融学会：《中国农村金融改革发展三十年》，中国金融出版社2008年版。

[22] 王曙光：《农村金融与新农村建设》，清华大学出版社2006年版。

[23] 刘民权：《中国农村金融市场研究》，中国人民大学出版社2008年版。

[24] 胡炳志：《中国金融制度重构研究》，人民出版社2003年版。

[25] 温铁军：《中国农村基本经济制度研究——"三农"问题的世纪反思》，中国经济出版社2000年版。

[26] 张乐柱：《农村合作金融制度研究》，中国农业出版社2005年版。

[27] 栾宏谋：《中国农村金融发展问题研究》，山西经济出版社2008年版。

[28] 赵常生：《基于金融效率理论的中国农村金融改革研究》，人

民出版社 2008 年版。

[29] 周晔：《金融风险度量与管理》，首都经济贸易大学出版社 2010 年版。

[30] 王松奇：《中国商业银行竞争力报告 2010》，社会科学文献出版社 2008 年版。

[31] 张伟：《微型金融理论研究》，中国金融出版社 2011 年版。

[32] 尹希果：《计量经济学原理与操作》，重庆大学出版社 2008 年版。

[33] 江曙霞：《中国金融制度供给》，中国金融出版社 2008 年版。

[34] 李建英：《转轨期农村金融新体系研究》，经济管理出版社 2007 年版。

[35] 李新：《我国农村民间金融规范发展的路径选择》，中国金融出版社 2008 年版。

[36] 朱乾宇：《中国农户小额信贷影响研究》，人民出版社 2010 年版。

[37] 巴曙松：《当前美国社区金融活动及其发展趋势》，http：//www.china-review.com，2002 年 6 月 26 日。

[38] 陈四瑞：《外国农村金融》，中国农业出版社 2003 年版。

[39] 成思危：《改革与发展：推进中国的农村金融》，经济科学出版社 2004 年版。

[40] 杜晓山、刘文：《小额信贷原理及运作》，上海财经大学出版社 2001 年版。

[41] 冯文丽：《中国农业保险制度变迁研究》，中国金融出版社 2004 年版。

[42] 高晓光、罗俊成：《促进村镇银行可持续发展》，《吉林日报》2014 年 8 月 23 日。

[43] 高晓光、马莉：《促进新型农村金融机构可持续发展》，《吉林日报》2012 年 12 月 30 日。

[44] 郭田勇、郭修瑞：《开放经济下中国农村金融市场博弈研究》，

经济科学出版社 2006 年版。

［45］韩红：《中国农村小额信贷制度及管理》，中国社会科学出版社 2010 年版。

［46］何广文、李树生：《农村金融学》，中国金融出版社 2008 年版。

［47］吉林农村金融研究中心：《吉林农村金融发展报告》，吉林大学出版社 2014 年版。

［48］江鸿洁：《构建政策性、商业性相结合的农村金融保障体系》，《西南金融》2007 年第 10 期。

［49］孔荣、罗剑朝：《信任、利率与农村金融市场竞合关系——中国农村小额信贷市场的理论模型》，《农业技术经济》2007 年第 5 期。

［50］李冬妍、赵欣彤：《论我国农业保险制度建设中政府行为的优化》，《经济问题》2011 年第 6 期。

［51］李东卫：《村镇银行发展：理论基础与实际研究》，《金融与投资》2009 年第 1 期。

［52］李莉莉：《关于村镇银行的制度设计与思考》，《金融理论与实践》2007 年第 7 期。

［53］李莉莉：《农村小额信贷》，中国社会出版社 2009 年版。

［54］李鸿建：《村镇银行：生存困境和制度重构——基于对全国三家村镇银行的调查》，《农村金融》2010 年第 3 期。

［55］李军：《中国农村金融"三元结构"制度研究》，博士学位论文，辽宁大学，2008 年。

［56］李木祥等：《中国村镇银行可持续发展机制研究》，中国金融出版社 2013 年版。

［57］李萍：《财税政策扶持农业保险的研究》，《农业经济》2012 年第 1 期。

［58］李树生：《农村经济发展与金融市场化研究》，中国社会出版社 1999、2005 年版。

[59] 李晓春、崔淑卿:《汇丰银行在我国开设村镇银行的若干思考》,《现代经济探讨》2010年第1期。

[60] 李晓健:《国外乡村银行运营的经验及启示》,《广西社会科学》2009年第11期。

[61] 李芸、汪三贵:《我国农村金融机构经营状况与制度创新》,《农业经济问题》2002年第7期。

[62] 李志辉、张晓明:《我国农村金融制度的开发性金融支持(DFS)研究——基于微观农户行为的分析》,《当代经济科学》2007年第6期。

[63] 茅剑宇:《"贷农贷小"定位下村镇银行发展研究》,博士学位论文,浙江工商大学,2010年。

[64] 那顺:《对鄂尔多斯市村镇银行发展情况的调查》,《内蒙古金融研究》2012年第9期。

[65] 裴绍军:《村镇银行支持新农村建设任重道远——以东丰县诚信村镇银行为例》,《中国金融》2007年第6期。

[66] 齐婷:《我国村镇银行现状问题研究》,《中国科技投资》2012年第9期。

[67] 阮勇:《村镇银行发展的制约因素及改善建议——从村镇银行在农村金融市场中的定位入手》,《农村经济》2009年第1期。

[68] 石丹林、欧阳姝:《村镇银行:农村金融体制改革的新突破》,《武汉金融》2007年第4期。

[69] 石丹林:《村镇银行:农村金融服务体系的重要补充与完善》,《湖北农村金融研究》2007年第3期。

[70] 舒晓兰:《统筹城乡背景下村镇银行存在的问题及对策研究》,博士学位论文,西南财经大学,2010年。

[71] 宋宏谋:《中国农村金融发展问题研究》,山西经济出版社2003年版。

[72] 孙志、韦怀:《对农村金融中村镇银行的定位研究》,《时代

金融》2008 年第 2 期。

[73] 陶磊：《我国村镇银行发展的必要性及其对农村经济的影响》，《现代商业》2008 年第 1 期。

[74] 田霏、刘瑜：《村镇银行可持续发展困境及有效途径探析——基于临洮县金城村镇银行案例分析》，《甘肃金融》2012 年第 11 期。

[75] 田光武：《外资村镇银行农村小额信用贷款发展现状及启示——以全国首家外资村镇银行汇丰村镇银行为例》，《武汉金融》2009 年第 12 期。

[76] 汪开利：《欠发达地区村镇银行发展问题研究》，博士学位论文，西南财经大学，2009 年。

[77] 王敏：《村镇银行贷款信用风险法律防范机制研究》，博士学位论文，西南财经大学，2009 年。

[78] 王曙光：《产权和治理结构约束、隐性担保与村镇银行信贷行为》，《经济体制改革》2009 年第 5 期。

[79] 王晓珍：《设立村镇银行的可行性及运营中的问题》，《金融会计》2008 年第 6 期。

[80] 王新河、魏玉森：《对新疆首家村镇银行——五家渠市国民村镇银行的调查》，《新疆金融》2008 年第 7 期。

[81] 王颖伟：《村镇银行信用监督与贷款管理的探讨》，《齐齐哈尔大学学报》（哲学社会科学版）2012 年第 10 期。

[82] 伍崑：《村镇银行在农村金融市场的定位探讨——基于对四川仪陇惠民村镇银行的调查》，《现代商贸工业》2008 年第 7 期。

[83] 吴淼：《村镇银行的可持续发展机制》，博士学位论文，中国人民银行研究生部，2010 年。

[84] 武晓芬、莫呐：《风险控制视角下西南地区村镇银行可持续发展问题分析》，《思想战线》2012 年第 9 期。

[85] 武晓芬、孙燕云：《我国西南地区村镇银行中间业务发展研

究》,《经济问题探索》2012年第12期。

[86] 吴玉宇:《村镇银行社会网络资本形成与作用机制研究》,博士学位论文,中南大学,2009年。

[87] 吴玉宇:《村镇银行运行存在的问题及对策分析》,《改革与战略》2008年第1期。

[88] 熊颐舟:《中外资村镇银行比较分析》,博士学位论文,厦门大学,2009年。

[89] 许华荣:《村镇银行可持续发展探讨》,《学理论》2012年第9期。

[90] 杨华:《中国村镇银行研究》,博士学位论文,复旦大学,2009年。

[91] 杨中梁、张春芳:《新兴村镇银行发展的思考——对五大连池惠丰镇银行经营情况的调查》,《黑龙江金融》2012年第9期。

[92] 尹博:《我国村镇银行的政策优势和经营层面存在的问题研究》,《科技经济市场》2012年第9期。

[93] 袁梁:《我国村镇银行生存困境及突围路径》,《农业经济》2012年第10期。

[94] 张忠永、朱乾宇:《村镇银行的风险控制问题》,《银行家》2008年第11期。

[95] 赵冬青、王树贤:《我国村镇银行发展现状的实证研究》,《农村经济》2010年第7期。

[96] 赵素萍:《中国村镇银行制度研究》,博士学位论文,西南财经大学,2010年。

[97] 赵志刚、巴曙松:《我国村镇银行的发展困境与政策建议》,《新金融》2011年第1期。

[98] 邹力宏、姚滢:《我国村镇银行的市场定位分析》,《金融与经济》2008年第4期。

[99] 朱海城:《我国村镇银行发展中的问题与对策研究》,《经济

研究导刊》2010年第8期。

[100] 孙若梅：《中国农村小额信贷的实践和政策思考》，《财贸经济》2000年第7期。

[101] 黄金老：《论金融脆弱性》，《金融研究》2001年第3期。

[102] 王志强、孙刚：《中国金融发展规模、结构、效率与经济增长的关系》，《管理世界》2003年第7期。

[103] 温涛：《新时期我国农村金融风险控制理论思考》，《金融理论与实践》2006年第5期。

[104] 姚耀军：《中国农村金融发展水平及其金融结构分析》，《中国软科学》2004年第11期。

[105] 安翔：《我国农村金融发展与农村经济增长的相关分析——基于帕加诺模型的实证检验》，《经济问题》2005年第10期。

[106] 包群等：《关于我国储蓄——投资转化率偏低的实证分析》，《经济科学》2004年第3期。

[107] 陈传波：《农户风险与脆弱性：一个分析框架及贫困地区的经验》，《农业经济问题》2005年第8期。

[108] 万晓莉：《中国1987—2006年金融体系脆弱性的判断与测度》，《金融研究》2008年第6期。

[109] 吴庆田、陈伟：《农村金融生态环境与金融效率指标体系构建及互动分析》，《财务与金融》2010年第6期。

[110] 杨序琴：《小额信贷发展的占优均衡：福利主义宗旨与制度主义机制的有机融合》，《金融理论与实践》2007年第2期。

[111] 温涛、冉光和、熊德平：《中国金融发展与农民收入增长》，《经济研究》2005年第9期。

[112] 姜柏林：《资金互助破解农村金融改革难题》，《银行家》2006年第9期。

[113] 刘民全等：《农村信用社市场化改革探索》，《金融研究》2005年第4期。

[114] 王醒男：《基于需求与发展视角的农村金融改革逻辑思考》，《金融研究》2006年第7期。
[115] 虞群娥、李爱喜：《民间金融与中小企业共生性的实证分析》，《金融研究》2007年第12期。
[116] 杜朝运、杜智乐：《关于我国金融脆弱的若干分析》，《上海经济研究》2007年第2期。
[117] 杨俊龙：《发展农村民间金融的利弊分析与对策思考》，《经济问题》2007年第3期。
[118] 罗伯特·莫顿：《金融学》，中国人民大学出版社2008年版。
[119] 何广文：《农村金融机构多元化的路径选择》，《中国改革》2007年第7期。
[120] 石丹琳：《村镇银行：农村金融体制改革的新突破》，《武汉金融》2007年第1期。
[121] 王玮、何广文：《社区规范与农村资金互助社运行机制研究》，《农业经济问题》2008年第9期。
[122] 陈守东、杨东亮：《中国银行体系脆弱性的动态分析与预测》，《吉林大学社会科学学报》2010年第7期。
[123] 艾洪德、郭凯：《金融脆弱性、不完全信息、制度变迁与金融风险》，《财经问题研究》2006年第7期。
[124] 高凌云：《对村镇银行信用风险防范的思考》，《农业经济》2008年第5期。
[125] 吴占权：《新型农村金融机构的贷款定价问题探讨》，《农村经济》2009年第10期。
[126] 王修华：《村镇银行运行格局、发展偏差及应对策路》，《湖南大学学报》2010年第1期。
[127] 应兰秋：《农村资金互助社实践与思考》，《合作经济与科技》2009年第22期。
[128] 陈雨露、马勇、杨栋：《中国农贷市场的利率决定：一个经济解释》，《经济理论与经济管理》2009年第6期。

[129] 梁小冰:《广东村镇银行发展现状与思考》,《现代商业》2009 年第 6 期。

[130] 丁忠民:《村镇银行发展与缓解农村金融困境研究——以城乡统筹试验区重庆为例》,《农业经济问题》2009 年第 7 期。

[131] 邢早忠:《小额贷款公司可持续发展问题研究》,《上海金融》2009 年第 11 期。

[132] 夏良胜、蔡晶晶:《小额贷款公司:现状/困境与出路》,《上海金融》2009 年第 9 期。

[133] 黛钰:《基于多元 LOGIT 模型对我国银行体系脆弱性的实证研究》,《经济问题》2010 年第 7 期。

[134] 唐晓旺:《加快培育新型农村金融机构面临的问题与对策》,《企业经济》2011 年第 9 期。

[135] 丁涛:《新型农村金融机构的 SWOT 分析及其可持续性战略研究》,《金融理论与实践》2011 年第 6 期。

[136] 马丽华、宋雅楠:《新型农村金融机构可持续发展问题探析》,《特区经济》2010 年第 5 期。

[137] 孟德峰等:《金融排斥视角下村镇银行发展的影响因素分析》,《经济学动态》2012 年第 9 期。

[138] 侯琰霖、安起雷:《促进新型农村金融机构发展的建议》,《中国财政》2011 年第 15 期。

[139] 王洪斌:《后危机时期农村经济金融可持续发展中的热点问题研究》,《华北金融》2011 年第 5 期。

[140] 高传华:《村镇银行制约因素与发展路径选择》,《中国国情国力》2012 年第 5 期。

[141] 何颖媛、何铮:《基于功能视角的新型农村金融机构脆弱性测度研究》,《中南大学学报》(社会科学版)2012 年第 1 期。

[142] Rajan, R. G., "Do We Still Need Commercial Banks", *National Bureau of Economic Research Report*, 1993, p. 58.

[143] Jerty Jordan, "The Functions and Future of Retail Banking", *Economic Commentary*, 1996, p. 9.

[144] Jeffrey Wurgler, "Financial Markets and Allocation of Capital", *Journal of Financial Economics*, 2000, p. 58.

[145] Byrd, Turner, "Measuring the Flexibility of Information Technology Infrastructure: Exploratory Analysis of a Construct", *Journal of Management Information Systems*, No. 7, 2000, p. 1.

[146] Colin Kirkpatrick, Samuel Munzele Maimbo, "The Implications of the Evolving Micro Finance Agenda for Regulatory and Supervisory Policy", *Development Policy Review*, No. 20, 2002, p. 3.

[147] Aykut Kibritcioglu, "Excessive Risk – taking, Banking Sector Fragility, and Banking Crises", *NBER Working Paper*, No. 17, 2006, p. 1.

[148] Allen N. Berger, Gergory F. Udell, "The Institutional Memory Hypothesis and the Prodigality of Bank Lending Behavior", *Journal of Financial Intermediation*, No. 13, 2004, p. 4.

[149] Boyd, John H., Glanni De Nicolo, Bruce D. Smith, "Crises in Competitive Versus Monopolistic Banking Systems", *Journal of Money, Credit and Banking*, No. 36, 2004, p. 3.

[150] Berger, A., Harsanl, Klapperlf, "Further Evidence on the Link between Finance and Growth: An International Analysis of Community Banking and Economic Performance", *Journal of Financial Services Research*, No. 3, 2004, p. 25.

[151] Allen, Gale, *Financial Intermediaries and Markets*, New York University, 2003.

[152] Charles A. E. Goodhart, Pojanart Sunirand, Dimitors Pisomocos, "A Model to Analyses Financial Fragility", *Economic Theory*, New York University, No. 27, 2006, p. 1.

[153] Ajai Nair, "Sustainability of Micro Finance Self Help Groups in

India: Would Federating Help", *World Bank Policy Research Working Paper*, No. 3, 2005, p. 516.

[154] Amitrajeet A. Batabyal, Hamid Beladi, "A Model of Micro Finance with Adverse Selection, Loan Default, and Self‐financing", *RIT Economics Development Working Paper*, No. 9, 2009, p. 58.

[155] Ashutosh Kumar, "Reducing Default Rate in Rural Credit: How Effective Is Enhanced Supervision Approach for Formal Financial Institutions", *Working Paper Series*, No. 1, 2004, p. 18.

[156] Andrew Berg, Catherine A. Pattilio, "Are Currency Crises Predictttable?", *IMF Working Paper*, No. 9, 1998, p. 154.

[157] Claudio Romano, "Calibrating and Simulating Copula Function: An Applications to the Italian Stock Market", *Working Paper Series*, 2002, p. 1.

[158] Colin Kirkpatrick, Samuel Munzele Maimbo, "The Implications of the Evolving Micro Finance Agenda for Regulatory and Supervisory Policy", *Working Paper Series*, 2002, p. 20.

[159] Francis Kehinde Emenl, "Micro Finance Institutions (MFLS) in Nigeria—Problems and Prospects: Questionnaire Survey Findings", *Journal of Financial Management and Analysis*, Vol. 21, No. 1, 2008.

[160] Frankin Allen, Douglas Galel, "Financial Contagion", *The Journal of Political Economy*, 2000, p. 108.

[161] Johnweiss, Heather Montgomery, "Great Expectations: Micro Finance and Poverty Reduction in Asia and Latin America", *ADB Institute Research Paper*, 2005, p. 1.

[162] Petersen, Mitchell A., Rajan, Raghuram G., "The Benefits of Lending Relationships: Evidence from Small Business Data", *Journal of Finance*, No. 49, 1994, p. 1.

[163] Robert Deyoung, William C. Hunter, Gregory F. Udell, "The Past, Present, and Probably Future for Community Banks", Working Paper, Federal Reserve Bank of Chicago, 2003, p. 26.

[164] Scott E. Hein, Timothy W. Koch, S. Scott MacDonald, "On the Uniqueness of Community Banks", *Economic Review*, Federal Reserve Bank of Atlanta, 2005, p. 1.

[165] William R. Emmons, R. Alton Gilbert, Timothy J. Yeager, "Scale Economies and Geographic Diversification as Forces Driving Community Bank Mergers", *Working Paper*, Federal Reserve Bank of St. Louis in Its Series, p. 104.